ちくま文庫

東大で上野千鶴子にケンカを学ぶ

遙 洋子

筑摩書房

東大で上野千鶴子にケンカを学ぶ／目次

1

2

3

解説　山頂の風景　斎藤美奈子——325

イラストレーション—後藤みえこ
ブックデザイン——鈴木成一デザイン室

東大で上野千鶴子にケンカを学ぶ

これは、私の知らない私です。

——上野千鶴子

1

教室は四角いジャングル

また、遺体安置所にでた。

「ぎゃっ！」といい、走りぬける。

「よりによって！」と独り言をいう。

私は本郷にある東京大学の広大な敷地内で迷子になっていた。夜の十一時をまわっていた。もう、研究室を出てからかれこれ一時間以上歩き続けている。どれほど歩き回っても、出口がわからなかった。気がつくとなぜか、敷地内にある東大病院の、それも遺体安置所にもどってしまうのだ。

深夜の東大は建物の数カ所にぼんやりと明かりがついているものの、その中央に位置する巨大な森は漆黒の闇だった。歴史の風格は闇夜への恐怖をつのらせ、叫びたい衝動を抑えながらやみくもに歩いた。

携帯電話の音に心臓がドクッと鳴る。先輩タレントだ。

「あなた、どこにいるの？」

「大学に……。」

「大学？　なんでこんな時間に？」

「出られないんです！　歩いても歩いても、迷ってしまって。」

「どういうこと？　誰か、人に道を聞きなさい！」

「いないんです！　誰も！　真っ暗なのに、私一人で！　恐い！　恐い！」

声が震えた。

「一人、真っ暗で、コワイ！」

この、私の東大初日が、これからここで起きる三年間を象徴する出来事になろうとは、その時の私にはわかる術もなかった。

ただ、汗だくになって歩き続けながら、その日、立て続けに起きたワケのわからない状況だけが頭をぐるぐるまわっていた。

およそ、上野千鶴子という人ほど、場所によって印象が異なるタイプもいないだろう。

初日。ドアを開け、教室に入る上野教授を確認するなり、その場の空気が若干緊張するのがわかった。

小柄だが、凄みのある女性。そんな第一印象だった。

私を見つけると、「研究室に来ればよかったのに」とニコリともせずに言い、教壇に向かう。

それまで私の知る上野千鶴子は、一般対象の講演会で愛想よく他人と交流する社交家だった。

上野ファンと称する人々とキャッキャとはしゃぎ、私がタレントであると知るなり、壇上にひっぱり上げ、

「ねえねえ、テレビではまだ女性性器や、男性性器は口にしちゃだめなの？」

とお茶目に聞く好奇心旺盛な少女。そんなイメージが印象的だった。少なくとも私にはそう見えた。

が、ここでは違った。教室では彼女はその片鱗も見せなかった。ニコリともしない。そのことが教室中を威圧した。

なぜ、ニコリともしないのか、すぐ理由がわかった。その日のゼミの発表者がま

だ到着していなかったのだ。

「発表者は？」

その一言で、おそらくはその発表者の友人であろう学生の一人が脱兎のごとく教室を出る。電話をしにいったのだろう。その行動のすばやさに、発表者が来ないという事態が尋常ではないことがうかがえる。

どうなるのかと思う間もなく、誰かがなにやら発表しだした。そして、なにやらゴチャゴチャ細かい文字が詰まった用紙がまわってきた。同時に上野教授が私の席に近づき、ドサッと、書類を置いた。

「遙さんに教えてあげて。」

私の隣の学生に一言いい、教壇にもどった。そして、なにやら黒板に書き出した。

ノートに書き写したほうがいいのかな、とまわりを見回してみる。

そうこうしてるうちにアナウンスメントファイルなる分厚いものがまわってきた。次に白紙の用紙がまわり、「このレスポンスカードを提出してください」と隣の学生が教えてくれた。

同時に五つくらいのワケのわからない状況が私を取り囲んだ。

「なんだ？　この紙？　いったい何を最初にすればいいの？」

隣の学生が私に話しかけてくれる。

「今日のゼミはこの二つです。」

見ると、「鈴木裕子『中央協力会議女性代表にみる翼賛』」と書いてある。

「なんだって?」

と、もう一方を見ると、「加納実紀代『国防婦人会の解散と大日本婦人会の成立』」と書いてある。

「はあ?」

ゼミが始まって、同時に五つほどの状況をこなさなければいけないのは私だけではなさそうだった。まわりを見ると、皆、聞きながら、書きながら、読みながら、チェックしながら、見ていた。隣の学生は私の相手をしている限り、その同時進行に参加できなかった。

「私のことは気を遣わないで下さい。どうせ、すぐには理解できそうにないので、教えてほしいことがあれば私から尋ねますから。」

御好意を辞退することにした。

実際、いったいなにがなにやら、さっぱり状況を理解できないでいた。

気を落ちつけて、大きく息を吸い、ひとつ質問してみる。

「今、発表してらっしゃる方は鈴木裕子さんか、加納実紀代さんですか？」

「いえ、あれは田中さんです。」

「………？」

どうやら、私の無理解は深刻そうだ、ということだけはわかった。

後日、わかったことだが、私のこの時の質問は、

「あれは平塚らいてうさんですか？　市川房枝さんですか？」

と同義だった。

このエピソードをずっと後になって学生に話すと、皆、喫茶店の床をのたうちまわって笑いころげた。よく、あの時の隣の学生が笑わずに真剣に答えてくれたことだと思う。

教授がドサッと置いた書類は、一年を通してのゼミプログラムとその文献資料だった。その年は「ナショナリズムとジェンダー」。

文献とは過去の研究者の論文。その文献のうちの二部の著者名が、それぞれ鈴木裕子と加納実紀代で、それがその日のゼミテーマだった。発表者が発表内容をまとめたレジュメを読みながら、発表を聞き、参考文献を読む。アナウンスメントファイルは社会学関連の情報が満載で、その分厚いファイルをチェックしながら、レス

ポンスカードにはゼミの感想や意見を名前入りで書き入れるのだった。

発表者と議論しながら。

その合間に上野教授が書く黒板の文字を写しながら。

すべて同時進行で。

それはまるで、車を運転しながら、化粧しながら、ハンバーガー食べながら、携帯で電話する。ついでに手帳もチェックしながら、できれば破れたパンストもはきかえつつ。

私の生活体験ではそれと同じパニック状態だった。

発表者は二名。そのうちの一人がまだ来ない。

「すいません。」

女子学生がはいってきた。

ここまではよくある大学の風景だ。ここからが違う。

「遅れた理由を言いなさい。」

「寝坊しました。」

「あなたのせいで、これだけの人間が貴重な時間を無駄に過ごしました。どうしますか？」

「申しわけありません。」

「あなたの本来するべき発表をするために、この上にまだ皆の時間を消費しますか？」

教授は許さなかった。

「今日のこの時間を無駄に消費させますか？　それとも来週のプログラムを変更させてまであなたの発表を延期する価値がありますか？」

学生は黙るしかなかった。まだ、寝癖のついたままのショートヘアが痛々しい。

「私はあなたの寝坊のために一年のプログラムを変更するつもりはありませんので、あなたの発表は放棄しますか？」

学生は泣くしかなかった。寝起きで腫らした瞼からポタポタと涙が床に落ちた。

「あーあ、泣かしちゃった。」

という思いと、

「この教授だけは怒らせてはいけない。」

という禁断のルールを目の当たりにした。

教授を怒らせたら、そこから逃げられる者はどうやらいなさそうだ、というのも分かってきた。

別の日のゼミでも、学生が来ないと、

「来ると思います」と言った学生に、

「なにを根拠に来ると言うのか？」と問いただし、

「昨日、来るって言ってましたから。電話してきます」と言う学生に、

「あなたが電話をしてあげる必然性はない。それでもすると言うのなら、そうさせる理由は何か？　頼まれているのか？　特別な好意か？　あなたは恋人か？」と追いつめる。

日常生活で言葉を介在させることで他人とコミュニケイトする以上、だいたい、およそ、見当をつけて、理解したつもりになることが多いなか、これほどまでに言葉を聞き逃さない人は初めてだった。

違うと思った時の介入の速さ、展開の多様さ、言葉の的確さは、日常のまったりと時が進むなかで突然起きる、数秒間の格闘技のようだった。あまりに瞬時に勝負が決まるので、下手をすると聞き逃す、見逃す。教室にいるかぎり、私は上野千鶴子という人から、目を離せなかった。

初日のゼミで、結局、彼女は終始笑顔を見せることはなかった。

一日。たった一日で、私のなかの上野千鶴子は豹変した。

お茶目な少女は跡形もなく消え、そこには言葉を武器にしたアンディ・フグがいた。小さな体から発する尖《とが》りきった感性は緊張の嵐を呼ぶ。

「私、やっていけるんだろうか。」

リングに上ったはいいが、ロープから離れられない情けない新人格闘家見習い。それが私だった。

「テレビでは女性性器はなんて言うのお？」

キャッキャキャッとはしゃぐかわいい声だけが、何度も何度も脳裏にこだました。

本物は違う!!

「ここで、なにを勉強しにきたの?」

本郷にある研究室で、上野千鶴子教授はまっすぐ私を見ながら聞いた。

見渡すかぎり本だらけの中に教授はいた。

「議論の構成の枠組みです。」

私はタレントだ。私は基本的に芸能界というところは娯楽を売る所だと理解している。スキャンダルも娯楽。バラエティからニュースまで。トークショウもスポーツも。そして涙も怒りも。

ただそれらには避けて通れない〝議論〟があった。

シリアスな討論会から、バラエティ番組に至るまで、それが、一分であろうが、一時間であろうが、トークショウという枠に議論はつきものだ。

意見はふとしたはずみで簡単に対立する。

そして、その対立した瞬間から、その人となりがあられもなくむき出しになる。

語り言葉の裏側のメッセージが本番中、痛いほど耳に飛び込んできた。

「私は皆に好かれたいの。」

「女は黙れ。」

「オレの意見だけが、オレだけが、世界中で一番正しい。」

「バカなふりしとこ。そのほうが得。」

「私ってカワイイでしょ。」

これらのメッセージ性はどんなテーマでも関係なく共通して存在する。脳死を語ろうが、恋愛を語ろうが。

議論が白熱すると、私にはこの第二のメッセージが気持ち悪くてしかたがない。

実は、人は、本来語り合わねばならないテーマではなく、違うところで議論をしているのではないか？　議論を左右するのは、論理ではなく、じつは第二のメッセージのほうで勝負が決まることが多いのではないか？

私はことごとくこの議論に勝てなかった。しかたのない負けも、爽やかな負けもなかった。ただ、気持ち悪さだけがいつも残った。しかし、それも個人の問題として内側におしこめて仕事をすることはできる。

だが、公の場で発言していく仕事である以上、年々感じることはその影響力。

「ひょっとして、私たちがしゃべってることって私たちだけで完結しているんじゃなくて、影響力あんの？　じゃ、責任あんじゃん。」

遅まきながら、力と、責任の関係性にも気づいてきた。

私だけの辛抱が私だけに収まらず、議論が避けてとおれないものなら、この気持ち悪さの解消は緊急至上命題になった。

確実に、的確に、瞬時に、相手に打ち勝つ方法を私は探していた。

この、どれが欠けても、番組という制約上、勝負が成り立つどころか、果敢に挑みかかったはいいが、ぶざまに粉砕していく女性を何度となく見てきた。それは、ああなるくらいなら戦わない方が、マシ。と思わずにいられないみじめな構図だった。

しかし、私の知る限りたった一人、みごとに勝ち続けている女性がいた。

上野千鶴子だった。

この人に教わるしかない。そしてその日が来た。ある方を通じて数年来、教授の教えを受けたいとお願いし続けてきたのだが、今回やっと、上野ゼミ、そして講義に参加することを特別に許してもらえたのだ。

「勝ちたいんです。それも瞬時にとどめをさすやり方で。でなきゃ、すぐ、次のコーナーか、コマーシャルにいってしまう。」

戦いは時間をかけるとろくなことはない。女性を誹謗中傷する言葉に人は事欠かない。

「行かず後家のねたみ。」

「ブスのひがみ。」

「お前の男関係をバラしてやろうか。」

「結婚してからしゃべれ。」

そこからやがて議論は子供のケンカの様相となり、本来のテーマは姿を消す。ブスへの容赦ない制裁で多くの女性が押し黙る、よくある構図を避けるには、一瞬のうちにぐうの音も出ないほどの勝ちが必要とされる。勝つ人の論理を私は教わりたかった。が、意外な答えがかえってきた。

「相手にとどめを刺しちゃいけません。」

そのごもっともな御意見に私は多少なりとも、失望を覚えた。それは子供の頃からよく母親に言われた「ケンカしちゃいけません」を彷彿させる。

「なんで？　なんでとどめを刺しちゃいけないんですか？」

「その世界であなたが嫌われ者になる。それは得策じゃない。あなたは、とどめを刺すやり方を覚えるのではなく、相手をもてあそぶやり方を覚えて帰りなさい。」

私は鳥肌が立った。やっぱ、本物だ、と思った。

「議論の勝敗は本人が決めるのではない。聴衆が決めます。相手をもてあそんでおけば、勝ちはおのずと決まるもの。それ以上する必要も、必然もない。」

教授は今度はニコッと微笑んで言った。

「男をもてあそんだら、真っ赤になって怒って面白いわよ。」

本物は違う。ケンカに負けたとき、数々の先輩が助言してくれたが、このアドバイスになぜもっと早く出会わなかったかと、負け続けた二十代を振り返った。

次の日、その年のゼミに必要な文献をコピーした。安田講堂の横にある、明治時代の石の建築物の底冷えのする地下室がコピー室だ。昨日のやる気とは裏腹に寒気がする。段ボール箱一杯分は軽くあるだろうと思われる文献の量に、その寒気が後悔なのか、ただ、冷えるのか、私にはわからなかった。

「これ、全部読むの？　私が？」

コピーするだけで一日かかった。英語文献はとばしてコピーしたのに。

後ろからかん高い声がとぶ。

「遙さん！　なんで英語とばすの？　これからだっていっぱい、英語文献でてきますよ！」

同じゼミの学生だった。驚きで目をまんまるくしている顔をみて、世の中の人間は皆、英語文献が読めると信じて疑わない彼女に、驚いた。

「あのね、私、日本語文献だって、読めないかもしれないの。」

けげんな顔の学生をよそに、ますます、後悔なのか寒気なのかが吐き気を伴って襲う。研究室で教授に聞いてみた。

「ここの学生は皆あたりまえのように英語文献が読めるんですか？」

教授は顔も上げずに答えた。

「だって、ここは学問のプロを育てるところよ。」

たしかに教室の学生を観察するとよくわかる。

外国からの留学生は私の知らない日本語を知っていた。中国の留学生は、雑談は中国語、質問は日本語、メモは英語だった。ロシアの留学生の漢字だらけの日本語論文に、教授は「それを英語で言いなさい」と平気でいう。

同じ青春を過ごした時間のなかでこれほどの差はいったいどこでできたのかと、私は皆が宇宙人に見えた。才能は異質だから才能たり得るので、才能が集結するとそこではそれはあたりまえのことになる。この教室では私こそが宇宙人だった。

その日のゼミでは、いつもにもまして上野教授は不機嫌にみえた。

ゼミの終わりに彼女は言った。

「ハラワタが煮えくり返る思いです。」

そう言いながら顔を上げた。二時間上げなかった顔だ。

何か理由があるとは気づいていたが、その理由がまさか「ハラワタが煮えくり返る」からだとは思わなかった。

「なぜこれほどの論文がありながら議論がでない？」

彼女の声の響きには独特の威圧感があり、もちろん教室中が凍てついた。

長い沈黙の後、またしても教授を怒らせてしまった気まずさに、皆ため息をつきながら教室を出た。

思えば、毎回、ゼミでは教授を怒らせていた。

初日は遅刻をした学生が泣くまで叱られた。大学生が泣くかと思う間もなく、次の日、「文献をそんないいかげんな読み方しないで」と議論を打ち切られた。

学生が朝まで寝ずに書き上げた論文でも、出来が悪ければ彼女のコメントは容赦がなかった。

休憩時間、研究室でお茶を飲みながら、まだ怒りが眉間のあたりに漂う教授を気遣いながらスタッフが私に声をかけてきた。

「今日は議論が出なくて残念でしたね。」

「そうですね、今日は論点がはっきりしてましたね。」

私のその言葉が、教授の逆鱗に触れてしまった。

「じゃ、なぜ発言しない？」

仕事の手を止め、教授は私を見据えた。しまった、と思ったが手遅れだ。

「三回ぐらいは発言せずに聞いておこうと思ったものですから。」

「三回の根拠は？」

「私はまだ、皆に追いついていないので……。」

「追いついていなくても質問ぐらいできるでしょ。」

逃げ場のなくなった私は、次週からの発言と、ゼミ司会まで約束してしまう羽目になった。

教授は誰に対しても平等に、容赦なかった。しかし教授も人の子、怒りのあまりの約束など一週間たてば風化することもあるさ、といつもの気分でゼミを迎えた。教授がゼミの前に語り始める。

「今日から、遙さんがしゃべります。」

ドッカーン!! と言いたかったが辛抱した。

「そして、ゼミ司会も担当します。」

やめてくれー! と言いたかったが、これも呑みこんだ。

学生たちのうつむき加減の表情から目だけをまるくしているのが見える。あくまで心中とは逆に空気は穏やかだった。

その日は外部の人がゼミに参加していた。

「私、フェミニズムって、ヒューマニズムだと思うんですよね。」

いきなりの発言だった。その無謀なまでの勇気に頭がさがる。が、上野教授は違った。

「それはあなたの信念です。ここは信念を議論する場所ではない。」

どーしろっていうんだー! と叫びたかったがこらえた。

そこで、なにがどう起ころうが、いつ何時でも空気だけは穏やかだった。

ただ、個々の感想だけが表情でとびかった。

「おいおい、それ言っちゃダメだよ。」

「あ、昨日なんかあったな。」

「できんのかよ、へー。」

「おれ、しーらないっと。」

休憩の時、学生が嬉々として私に近づき、弾んだ声で言った。

「叱られたんでしょ、存在する限りにおいてはしゃべれって。」

存在する限りにおいてはしゃべれか、いい言葉だな。と思った。

しかししゃべろうにも私には社会学の専門用語などほとんどわからず、何をどうしゃべればいいのか、信念と感想と意見はなにがどう違うのか、泣きたい気持ちだった。

次のゼミ教室に移動すると、すでにレジュメが配られていた。テーマは「総体のヘゲモニーの成立」だった。ヘゲモニー?

芸能界は厳しいようでいて、曖昧なところがある。ここにきて、この四面楚歌の状況に私は「ヘゲモニー」のレジュメを握りしめながら思った。

「本物は違う。」

「わからない」という言葉のもつ力

フォークとナイフを持つ手を止め、上野教授はまっすぐ私を見て言った。

「わからない。どういうこと?」

そのただならぬ表情に、私は軽く咳払いをし、背筋を伸ばして前置きした。

「これは、心して返事しなきゃだめですね。」

彼女の、微動だにしない目線が、そうだと言っていた。

私は大きく息を吸い、慎重に言葉を選んだ。

「ですから、サウナでのだらしない女性の姿を見ると哀しくなるんです。」

私たちはフランス料理を食べていた。その日はちょっとお洒落な食事会だった。

同席の女性の話題はサウナでのエピソードだ。

私がなんの気なしに相槌をうった一言で、一瞬のうちに上野教授のすべての動きが停止した。

「サウナでだらしなくくつろぐ女性の姿を見ると哀しくなります。」

「それは、女はくつろぐなってこと？」

「いいえ、くつろいでもいいんですが、くつろぎすぎっていうか。」

「わからない。どういうこと？」

「たとえば口を開けて、股を開いて、みっともないっていうか。」

「いいじゃない。リラックスしてるんだなあ、っていうだけでしょ。」

「見た目が美しくないんです。」

「わからない。女はいつも美しくなきゃいけないの？　わからない。」

彼女の「わからない」は力だ。彼女がそれを口にするだけで、私は戦慄の金縛りにあった。

「何がどうなのか一字一句正確に返事しろ。」

と凄まれている恐怖から理性を見失わないように、全神経を集中した。

「じゃ、男はくつろいでもいいの？」

彼女は、聞き流せない言葉は、絶対、聞き流さなかった。

「男はふだんからだらしないので、ことさら哀しくなることはありません。」

と言いながら、私はこれだと思った。ここに、この金縛りから逃れられる一筋の光がある。

「つまり、私が言いたいのはギャップの話です。女がくつろぐとあそこまでだらしなくなるのなら、じゃ、ふだんつくろっているあの姿は何だ、ということです。一人の人間のあまりの落差に傷つく。それが言いたかったんです。」

私は叫び声で金縛りを解くかのように雄弁になった。

お互いのナイフとフォークが止まってかなりの時間がたっていた。

お互いが目をそらさない会話は、

「それなら、わかる。」

の彼女の言葉でようやく終焉を迎えた。

彼女は何事もなかったかのように両手を動かし、羊の肉を美味しそうに口に入れる。

私は全身の毛穴から息を吐いた。体がひとまわり小さくなったのが自分でわかる。

背中を丸めながら、冷めたビーフのワイン煮を喉に押し込んだ。

彼女は日本を代表するフェミニストである。

「日本で一番恐い女」と異名をとる女性になんと不用意な言葉を吐いてしまったんだ、と苦い思いでワインを飲み込んだ。

しかし、「わからない」がこれほど相手に脅威をもたらす言葉であるということは大いなる発見だ。

私が彼女から学びたかったのは議論の枠組みだった。日頃、違和感を感じながら言葉を失うとき、彼女だったらどう言っただろうと思いを馳せるのが私の日課だった。

たとえば朝の爽やかなバラエティ番組。

「今日もいいお天気です。」

から始まり、新聞記事から援助交際が話題になる。

「援助交際はやめましょうね、体が汚れますから。」

とアナウンサーが挨拶がわりにしゃべる。

エッと思って、瞬間、まわりの出演者、スタッフの表情を見る。放送上、不適切な表現があった場合、皆の顔が一様にこわばるのがふつうなのに、誰もが平穏な顔をしていた。

「いいお天気」と「体が汚れる」はスタジオ内で並列で存在し得た。

これは違う、と思いながら、ゲストである私は、じゃ、なにが違うのか、どう違うのか、必死で言葉を探した。

爽やかな朝のバラエティである。その日のテーマは「百円ショップ」。

「遙さんは百円あったら、なに買いますか？」

司会者の質問に、私は、瞬時に言葉にならない援助交際より、言葉にしやすい百円を選んだ。

「うーん、パンストですねえ。」

言いながら、自己嫌悪で倒れそうになった。

朝の爽やかさは私を黙らせた。

研究室のランチタイム。

スタッフとテーブルを囲む和やかな時間が、私には唯一の教授への質問時間だ。

「先生、援助交際に関して、お金で体を売ると体が汚れますと発言する人に、先生ならどう言いますか？」

教授はチラッといやなそうな表情をし、それでも答えてくれた。

「汚れたらもとには戻らないんですか？　どうしたらきれいになるんですか？　一度汚れたら、その人は一生汚れたままなんですか？　じゃ、差別してもいいんですか？」

おみごとだった。教授はなんてことない顔でかわいいお弁当箱をつついていた。

その穏やかに見える流れに、スタッフの女性の一人が参加した。

「私も以前テレビで、援助交際をした学生があとで後悔したと語っているのを聞いて、妙に納得させられました。」

そして、上野教授は箸を置き、すべての動きを停止した。

きた！

「わからない。何を後悔したの？」

出た！

もはや彼女を止めることのできる人間はスタッフといえどもいない。そして、目をみられた相手には戦う以外の道はないことも全員が察知していた。

教授は視線だけで、胸ぐらをつかむ。

「そんなのわかりませんよ。だって女子高生が、そう言うんですもの。」

「じゃ、理由のわからないものをどう説得されたというの？　わからない。」

「スタジオのお客さんみんなが、ふーんって感じるものがあったんですよ。」

「わからない。スタジオのお客さんは何を感じたの？」

「そんなの私だってわかりません。私はスタジオのお客じゃないですから。」

「じゃ、女子高生が何を後悔し、客が何を感じたのかわからないものを、あなたはどこに説得されたの？」

「なんとなく、ふーんって思ったんです。」

「じゃ、あなたは何もわかってないんじゃない。何もわかっていない話をなぜここで皆に話すの？　わからない。」

もう、瀕死とは、このことを言わずして何を言うんだろう。

ノックアウト。完全ＫＯ負け。

私の横にはピクピクと最後の生命力をうち震わすいたいけな同志がいた。

援助交際の話題をふってしまった自分を私は責めた。

言葉を失った彼女に教授は弁当の蓋を閉めながら言う。

「上野の前で不用意な言葉を吐くと、私は突然ものわかりが悪くなるのですよ。」

スクッと立ち上がり扉に向かう。

「コワー」

同志は小声で囁いた。そして教授はそれすら聞き逃さなかった。

扉を開けた動きが一瞬止まり、スローモーションのように振り返り言った。

「私は、何もわからないことを、わかったような気になってしまうことのほうがよっぽど」

と言葉を止め、はっきりゆっくり言葉にした。

「コワイ。」

そして、扉が閉まった。

かっこいいという言葉はこの人のためにあると思う。

どんな服を身にまとうかはその人の主義主張が決め手となる。

主張がない人のファッションはまたそれなりに。

お化粧だって、髪型だって、そして、どんな言葉を身にまとうかもまたしかりだ。

私はバッグはグッチが好きだ。服はアルマーニが好きだ。

そして言葉はウエノが好きだ。

なかでも、「わからない」というアイテムに私ははまってしまった。

学生たちとの交換条件

「見せて見せてえ」から、「なに！　これ！」まで、十秒とかからなかった。

私は同じタレント仲間のO嬢と、代官山のフランス料理屋でディナーをとっていた。

「よーこちゃん、代官山はなぜ、代官山っていうか知ってるう？」

「知らん。」

「昔、お代官様が住んでたから代官山っていうんだって。」

「ふーん。」

O嬢は、容姿と知性とお洒落が売りのタレントだった。

彼女とはそれらの売りにふさわしいレストランでの会食が多かった。その日は野

球解説者の江川卓のワインの本に載っていたこだわりの店で、私たちは、

「江川さんと同じワイン！」

を注文し、高価なワインに舌鼓を打っていた。

彼女の興味は私の勉強である。

ゼミ帰り、げっそりと目の下にクマをつくり、教室の蛍光灯の灯りではひどい顔のイメージがどうにも払拭できなかった顔に、改めてファンデーションをなすりつけ、レストランの優しい明かりに、身を浸す。なんでこんなに疲れるんだろうというのが毎回の実感だ。彼女の無邪気な会話に心が癒される。

「見せてよ、文献っていうやつ、私にも。よーこちゃん、いったいなに勉強してんの？」

そして、彼女の感想は、

「なにこれ！　ひらがながまったくないじゃん！　このタイトル、二行とも漢字ばっかよ！　こっちの二行は、ひらがなは〝の〟と〝と〟だけじゃん！　なにこれ！」

「そーなんや。」

私自身、最初の感想は彼女とまったく同じだった。なんせテーマがテーマだけに、

「中心概念」や「基本仮定」「根本的価値」から始まって、「単一民族神話」「水平運動史研究」「性的二元論」などの言葉が羅列されている。ひらがなの極端に少ない文章は、私にとっては中国語か、漢文だった。文章に「笑い」のないことも読むスピードにブレーキをかける。いかに世間に出回っている本が一般読者を意識しているか、同時に、いかに文献という読み物が研究者の問題意識中心のみでそこにあるかがうかがえる。

彼女は文献を離さなかった。アンティパストを食べている間も読みふけり、料理より、文献に食指が動いているのがよくわかる。メインディッシュに移る頃、ずいぶん長い間会話をしていないことに気づき、声をかけてみる。

「どこまで読んだ?」

「ちょっと待ってよ! まだ、三行しか読めてないんだから!」

「三行……!」

これが私たちにとっての「文献」だ。私たちは日本語圏で生活している。しかし、これほど、異なる日本語が存在することすら、私は知らずにいた。

ただ生活するだけならさほど多くの言葉は必要ない。「めし、風呂、寝る」でどれほどの人が生きのびているか。でも、自分と他者との関係性を問うとき、言葉はひとつでも多くあったほうがいい。それでも、どれほど通じあえるものかは定かではない。

言葉という手段をとらなければ表現できないこと自体に苛立ちを覚えた体験は私だけではないだろう。

言語は経験のすべてを表現するにはつねに「不足」であること。そして第二に、それと同じぐらい、言語は経験に対してつねに「過剰」であること。（上野千鶴子「〈わたし〉のメタ社会学」）

常にそれを忘れるな、と上野自身も語る。

しかし、私自身、その「言葉」や「議論の枠組み」「理論」を学ぼうと教授のもとへ参じたとはいえ、その道具としての国家論や戦争、ましてや近代ドイツにどれほどの興味があるかと問われれば、「まったく」といっていいほど興味の対象ではなかった。

まだ、「代官山はなぜ代官山というのか」のほうに興味があったりする。

戦争に関する資料の山をまえに、これをやれば私のほしいものがほんとに手に入るんだろうかと、不安ばかりが襲う。O嬢は文献を投げ捨てて、ひとことといった。

た。

「よーこちゃん、勉強してわかったことだけ教えて。」

私だって、わかったことだけ教えてくれる人がいれば、すがりつきたい気分だった。

教室にはけっこうかわい子ちゃん系の学生が多い。それがまず、予想と異なった。もっと、ガリ勉タイプが顔をそろえていると思っていた。

ただ、彼女たちはそろって素顔が多かった。二十代から三十代にかけての、最もおしゃれに興味を持つであろう学生時代に素顔で通すのはポリシーの表れか、その時間も惜しんで勉強しているのか。少なくとも化粧にそれほどの価値を認めてはいないように見える。

私の学生時代には、化粧品屋さんをハシゴして、どこのファンデーションがいいか調べたおした。勉強するよりいかに美しく見せるかが優先した。就職先の面接官が男性ばかりであることを鑑《かんが》みればじつに理性的な判断であったと思うが、その努力は今現在でも続いている。

テレビ局のメイク室は美の情報交換として重要な場だ。

今、どの化粧法がトレンディか、どうやって、お肌のトラブルを解消するか。私たちが話している間にもプロのメイクさんが技をふるう。

目の下のクマを消すにはコンシーラー。まつげパーマをかけるにはジェル状パーマ液。まつげを長く見せるには、繊維パウダー……などの裏技から始まって、眉毛やアイラインはアートメイクで処理。ほくろやシミはレーザー治療。口紅やアイシャドウまでが、アートメイクが可能！　という、プロの荒技。

おそれいったことに、女性タレントが恋人からうけた暴力の痕を消すための強力コンシーラーというものまで、メイク室に存在した。あざ消しだ。聞くと、そのお世話になるタレントもごくたまにいるそうな。そんな時メイクさんは、黙ってそのコンシーラーを使用する。

一度、私も腕があざだらけになったことがある。メイクさんは何も聞かず、黙ってそのあざをひとつひとつ消してくださった。後で聞くと、「誰がいったい、遙さんをこんな目に遭わしたんだ！」と憤懣やるかたない思いでいてくださったそうだ。

実は仕事前に行った塩もみエステでできた揉みあざだった。ありがたいプロだと思った。コンシーラーで、恋人のキスマークも暴力のあざも朝帰りのクマも、あらゆる人間臭を消し、無機質になって、仕事する。私たちは美を追求するプロフェッショナルに囲まれていた。

そんな日々を送っていた私は、同じゼミの学生たちとランチを共にすることになった。その中の一人の学生は彼女自身の論文がゼミ文献に選ばれるくらい優秀だった。私にもわかるくらい優秀。それはその学生の口からでる言葉だ。

「共同体主義的発展論」とか「不等価交換」とかの言葉が、彼女の日常会話だった。それは私にとっての「こんにちは」の次元でいとも簡単に彼女の口をついて出た。ゼミの間中、彼女の発言で理解できる言葉は……何一つ、なかった。

だいたい、その学生の論文タイトルの前書きの長さに驚く。「東京大学大学院人文社会系研究科社会文化研究専攻社会学専門分野博士課程入学審査論文」だ。これでもまだタイトルに行き着かない。まるで、落語の「寿限無《ジュゲム》」みたいだった。私にとって、彼女は〈漢字〉という生き物だった。

「休みどうするの？」

「ベトナムに行きます。」

「バカンス？　いいなー。」

「いえ、第三世界研究の為です。」

「……」

という、〈漢字〉。彼女は私とまったく異なる生活領域に生息していた。

その、〈漢字〉が私に聞いた。

「遙さん、ハダ、きれいですね。」

「ハダ？」

ハダとはまたどんな漢字で、どの専門語か一瞬迷ったが、どう考えても、その日本語文脈からは「肌」しかなかった。

「ハダって、お肌の、ハダ？」

もう、外国人としゃべってるみたいだった。

一事が万事、この調子だった。言葉のひとつひとつを確認して聞かなきゃ前に進まない。しかし、それが「お肌」だとすると、これはなにをどうみたって、俗っぽい日常会話だ！

私は耳を疑った。近所のオバチャンと銭湯でよくしゃべる、街の高校生と繁華街でよくしゃべる、あの、「アンタ肌きれーなー」という俗っぽい会話を、その〈漢字〉がした！

質問は止まらない。

「顔ってなに塗ったらいいんですか？」

「は？」

彼女たちの話は私に百の質問を生む。基礎化粧が知りたいのか、下地クリームを推薦してほしいのか、ファンデーションの相談か？　メーカーの相談か、色の相談か、技術の相談か？

「なに塗るとはどういうこと？」

「顔に皆、なにかつけてるじゃないですか。コンビニ行ってもビンにいろいろ液体が入って売ってるじゃないですか。あれ、いったい何を買えばいいんです？」

狭い店で皆がお互い毛穴まで見える距離だった。

私たちは鼻と鼻をつきあわせて相手を見合った。

ちょっとかわいいと言われただけで、芸能界で荒稼ぎしようとするしたたかなギャルにあふれた職場で、そのためには売れる女性性ならなんでも売ろうとするギャルに囲まれて生きている私にとって、まったく、一切の「女」を武器にすることさえ思いもつかないで、学問の道だけを志した学生の姿に私は感動を覚えた。

「したかったの？　お化粧。」

「はい。」

「興味がなかったわけじゃないんだ。」

「はい。」

「ずっとしたかったの？」

「はい。」

「でも、わからないからできなかっただけなの？」

「はい。」

ニコニコ笑う無邪気さにまた驚く。

「シミができるんですけど……。」

「ファンデーション塗らないからよ！」

「眉毛がぼうぼうなんですけど……。」

「そらないからよ！」

「荒れるんですけど……。」

「基礎化粧しないからよ！」

信じられなかった。そして私はいいことを思いついた。

「もっと教えてあげようか？　化粧のこと。」

「教えてほしい。」

皆が口々にうなずく。

「じゃ、交換条件。私もこれ以上の化粧テクは、プロだからただじゃ教えられない。」

「じゃ、どうすれば？」

「言葉、教えてくれる？」

「言葉？」

今度は彼女たちがわけがわからない表情になった。

「私がゼミの途中に恥ずかしくって聞けないような基本的な用語を、もし、私が小学生だったらどう教えるかというレベルで教えてほしいのよ。」

「小学生？」

「そう。専門用語を専門用語で説明されてもわからない。たとえばサブシステンスってどういう意味？」

「それは、まだ、正確には限定しきれないほど、概念が交錯して研究者が利用してる言葉なんです。」

「ね、だから、それじゃ、ダメなのよ。それ、専門家の意見。言葉に慎重になるのはわかるけど、それらをふまえた上で断定することを恐れずに言い切ってほしい。私がもし小学生だったら、サブシステンスってどう教える？」

「……自給自足かなあ？」

「そう！　それでいいのよ！　ありがとう！」

「じゃ、お化粧の話ですけど……。」

私はなんとか独自の個人教師を獲得することに成功した。

その日から、私はその学生たちの横にぴったりひっついてゼミを受けた。

学生は果敢に議論しながら、横でつつく私にその度ごとに、今、自分がしゃべった日本語を、また、日本語で通訳してくれた。

暗中模索のなか、学生友達だけが唯一の光明のように見えた。

引用：上野千鶴子「〈わたし〉のメタ社会学」岩波講座・現代社会学1『現代社会の社会学』岩波書店、一九九七年

美貌と巨乳と学問の価値

桃源郷という言葉がある。

ひょっとして、知の集結する場所はある種の桃源郷なのではないかと思う。

その日、私は新幹線へ急いだ。どうしても受けたい授業があった。ジェンダーコロキアムと名付けられたそれは、各界の著者を招き、その人が出した本について、本人とゼミをするものだ。こんな恵まれた環境はない。

その日の著者は上野千鶴子だった。取り上げる本は『発情装置』。

この挑発するタイトルに心そそられ読んでみると、その真摯なまでに「恋愛」から「近代家族」まで取り組んだ姿勢に、本人と語る欲求を抑えきれなかった。

日頃、上野教授と過ごす時間は多くても、そこが学生同士で切磋琢磨する場である以上、直接、教授のコメントをもらう機会は少ない。

彼女の口癖は「私にしゃべらせないで」だった。

ひとたびゼミが始まると、彼女の仕事は議論の管理のように見えた。やってみせるのではなく、やりかたを指導する。間違った方向へ行けば容赦なく止め、面白い展開になると、そこを膨らませて、感動へと持っていく。

楽をするな。自分たちでその議論を発展させてみろ。私がしゃべるとそれで終わる。――口癖にはそれらの意味がこめられていた。

だが、今日は違う。堂々と本人に聞ける。三百ページはある本の何をどう聞こうか、大阪から東京までの三時間、わくわくと本に没頭した。

遅れ気味だった私が息を切らせて教室に入ると、なにやら空気がおかしいのに気づいた。皆が怒っている。

こんなことはまずない。怒るのは普通、上野教授その人だ。たまにゼミが錯綜した時に発表者とある個人がぶつかることはあるが、これほど全員から苛立ちを感じたのは初めてだった。

そうっと席に着いた私はその原因がすぐにわかった。

発表者だ。

温厚そうなその男性は、印象とは違い、徹底した上野批判を展開した。そしてそれが全く批判になっていないことが皆を苛立たせていた。

その男性は発言する。

「だって、それは女性の本能だから。」

げっ、本能ときたぜ。おいおい、大丈夫かよ。席に着くなり耳に飛び込んだ「本能」という言葉。議論の流れを見ないでもわかるこの言葉の不用意さ。

この「本能」こそが太古の昔、フェミニズムが誕生する動機の根幹に位置する言葉だ。

「本能」。ああ、その響きの美しさ、怪しさ、胡散臭さ、卑劣さ、醜怪さ。あらゆる女の訴えがこの一言のもとにねじ伏せられ、利用された。ミクロは家で。マクロは国家で。

それが女自身まで倒錯させるほど危険な概念であることに気づくまで、どれほどの年月を必要としたか。

駒尺喜美は言っている。

わたしたちは、簡単に〈本能〉という言葉をつかってはいけないのである。また、

〈本能〉という言葉に呪縛されてはならないのである。〈本能〉という言葉ほど暴力的な言葉、押しつけがましい言葉はない。本能という言葉は、それが逃れようのないものだとの暗示をかけてしまうからである。〈母性本能〉はその最たるものである。女の背中にこれは逃れられないぞと、背中にぺたりと貼り付けて、これが〈女の宿命〉だから甘受しなさいと、押しつけるわけである。が、もし〈母性〉が本当に本能ならば、子殺し事件などある筈ではないのだ。が、父親がわが子を殺すことがあるのと同じように、母親もまた、わが子を殺すのである。（『魔女の審判』）

上野教授は眉間に皺を寄せたままピクリとも動かなかった。

話は障害者の性処理へと進む。ボランティアが性産業を障害者の為に利用してなにが悪い、という意見に、

「じゃ、女性の障害者はどうする。道端に股開いて転がっていろとでも言うのか。」

すさまじかった。上野教授はやっぱ、過激だ。

「じゃ、どうやって性処理すればいいんだ?」

「性欲とは何か?　親密性への欲求なのか、肉体的快楽への欲求なのか、そこを曖昧にして処理はあり得ない。」

やっぱりここへ突き当たる。その「言葉」の概念。

「男には強い性欲があるからしかたがない」の一言で黙らされたレイプ。だがそれも実は性欲ではなく攻撃性の表れだった。「男は憎しみからでさえ勃起できる生きものだ」と上野は『発情装置』で書いている。

「言葉」を考える機会を彼女はよく与えてくれる。ただ、それは逆鱗に触れた場合に突然やってくるもので、ひとつ発見があるたびに私は身を削る思いをする。

機嫌が悪いままの教授に質問するには極端な勇気がいった。

「あの、美人の価値についてなんですけど、」

え？　と教授は険しいままの顔をあげた。

「あの、美貌の価値について伺いたいんですが、」

話はまだ終わらないうちに打ち切られた。

「美人と美貌は違うわよ。」

もうそれだけで、帰りたくなった。

いやだめだ。それじゃ、新幹線のチケット代がもったいない。

私はもう一度勇気を奮い立たせた。

「女性に美の価値が押しつけられたのは女が生産から疎外されていたときとありま

すが、今、これだけ職場進出してもなお、美に大きく価値があるのはなぜですか?」

恐いので、一気にしゃべった。

「もう、女の価値は美にはないわよ。自分の妻は美しいことより、医者であるとか、金持ちであるとか、有名な画家であるとか。女の価値は変動しました。」

次の質問を許さないほど、ひとことで言い切られた。

憮然とする私に彼女はたたみかけた。

「美に価値があると思うのは、あなたが芸能界という、美に破格な価格がつく特殊な世界にいるからそう感じるんじゃない? 妻の価値は今じゃ美貌より経済力だと思う。」

そうかあ、私は特殊な社会にいるんだ、と思った。

仕事帰り、厚化粧のまま、派手な髪型のまま、教室にいる私は、確かにそこでは特殊だった。

その日、番組は納涼夏スペシャルで、私はチューリップ柄のゆかたを着ていた。さすがにゆかたじゃゼミに出られないと思い、新幹線でワンピースに着替えたが、髪はテレビ用の派手なアップだった。かんざしは外したものの、ケバさは残った。異様に目立つ自分が恥ずかしかった。顔なじみの学生が派手なまま
うなだれる私を

哀れむ目で見る。

「私、特殊なんだ。」

やけにその言葉が頭から離れなかった。

仕事場で一番元気なのはコギャルだった。人気商売である以上、そこはさまざまな勢力図が広がる。そう、今、最も評価を受けている人間が最高権力者として、局を闊歩する。ただ、他の職場と同じく、人気とは別のところで、男性が年齢とともに自分のポジションを認知させていくのとは逆に、女性は年々居場所が無くなる感が否めない。

そこでは、女に限って若ければ若いほどもてはやされ、その若さの証として無知であることが評価され、その延長で、言葉遣いの乱れに出会うとオヤジたちは狂喜乱舞する。

今、最も価値があるのは「コギャル」なのだ。もちろんそこに美貌と巨乳はいわずもがなのセットだ。十六歳の登場に会場はどよめき、隣の十七歳は顔を曇らせ、まだ弱冠二十歳が自分の評価の揺らぎを感じ遠慮がちに退く。私のような、三十を超えペチャパイの女はそこでは無価値と言ってもいい。

テレビを見ていると、私より年下の女性タレントが、コギャルたちの前で自分を指し「おばちゃんな」としゃべっていた。

やめてくれー！　と声を上げた。

コギャルじゃなければ、次はオバチャンしかカテゴリーはないのか。もし、ちゃんと日本語がしゃべれて、礼儀正しく、自分をいかに綺麗に見せるか以外に熱中できるものをもつ、ペチャパイの女の子がいたら、まったく何の仕事にも、チャンスにさえ、ありつけないだろう。

私はそんな社会から来た。ところが、そんな条件をすべて満たしながら、皆が生き生きしている場所があった。それが知の集結する、この教室だった。そこには、あらゆる差別がないように見えた。女は容姿、年齢で判断されないし、少しでも交流できるように正しい言葉遣いに気を配るのが日常で、ゲイはゲイを名乗り、レズビアンはそれを誇り、なんらかの障害を持った人の周りにはいつも誰かがいるし、自分の出身国を隠す人はそこにはいなかった。

驚いたことに自己紹介で胸のサイズを誰からも聞かれない!!

そこでの評価はただひとつ、学問だった。

私にとっては、ここそが特殊な社会、この世の理想郷、桃源郷であった。私の職場で、いったい誰が自分がゲイであることを公表するものか。レズビアンに至っては、いない。いないことになっている。誰が在日韓国・朝鮮人かはわからないし、町へ出れば車椅子の人はあいかわらず階段の前で助けを求め、声をあげる。そして、女は容姿と年齢で立場が変わる。

評価は、仕事以外のところでほぼ決まる。

「美に価値はない」といいきれる上野教授の社会と、美しくなければ生きていけない私の社会と、私は二つの社会を知った。

おそらく、両極端に位置する社会なのかもしれない。それぞれに特殊に見え、それぞれに現実だ。

次の日、仕事場にもどった私は番組の打ち合わせの席にいた。今度出演する女性タレントの採用確認だった。テーブルの上に美しく撮られた宣伝用写真がある。かなりの美形だ。それを見ながら男性が聞く。

「歳は？」

「十六歳です。」

「胸は？」

「大きいです。」

「ん。ええんちゃう？　使ってみたら？」

決まりだった。

男は顔と歳とオチンチンの大きさでは仕事がもらえないから、仕事の腕を磨く。女は顔と歳とオッパイの大きさで仕事がもらえるから、化粧に精を出し、老けないように努力し、胸パットをいれる。

他にどうしろというの、と思いながら、今日も私はせっせと谷間ブラを身につける。

引用：上野千鶴子『発情装置』筑摩書房、一九九八年
　　駒尺喜美・小西綾『魔女の審判』エポナ出版、一九七九年

「それがわかればしめたもの!!」

私にはコンプレックスがあった。「教室のなかで最もアホ」というコンプレックス。

「アホ」のうちわけは頭脳の能力、つまり記憶力、理解力、応用力、読解力 etc. ……そして、知。物事をどれだけ知っているか。

前者はいたしかたがない。もって生まれたものが、そもそも違う。しかし、後者だけは努力の範疇だった。すくなくとも、そう思えるから、この大学へ足が向く。

いつものように、「レジュメ」と呼ばれる、私にとっては難解な、発表者が論文のあらましをまとめたプリントが配られた。

なにより最初に私がすることは、私の理解できる日本語を探し出すことだ。学生の時、先生に言われた。英語を読む時は、まず、知ってる言葉だけでも拾い出して大雑把にでも意味を把握せよ。

私にとってのレジュメは英語と変わらなかった。上野教授も「文献は粗読でも最後まで読み通す」とゼミの心得で言っている。頭脳のターボエンジンをフルトップにして大急ぎで読む。今度は気を落ちつけて斜めに読む。そしてひっかかるところをチェックしながらもう一回。人が一度読む時間で私は三度読んだ。そうでもしなきゃついていけなかった。

しかし、その日は違った。

「え?」と不安がよぎる。大雑把にすら理解ができない。あせらないように、もう一回読む。でも、まったく概要すらつかめない。「どーいうこと」と思いながら深呼吸し、再チャレンジする。しかし結果は同じ。

「やっぱり私はバカだ! 何度読んでもわからない、やっぱ、ついていけないんだ!」

その時、一人が質問した。

「このレジュメ、いったいなにがいいたいんですか?」

これが、コンプレックス。この差を生み出すのがコンプレックスというものである。理解できないとき、「自分のせいだ」とうなだれるか、「何言ってんの」と言えるか。この差は大きい。この差があるかぎり、疑問は相手にではなく常に自分に返ってくる。これでは永遠に議論が成り立たないことがわかった。

ここに来て驚いたことだが、今まで、学問は教えを乞うことだと思っていた。が、どうやらここでは学問は研究者を批判することだった。先人たちが正しいのではなく、先人たちの犯した過ちを指摘し、先人たちの歩めなかった道を切り開く、という作業がゼミだった。

まさしく、学問の最先端。

そこは私の「勉強」の概念では、勉強しに来るところではなく、勉強した者が来るところだ。

「あなた、緊張してるの？」

二人になった時、上野教授が私に聞く。

「ゼミでですか？　緊張なんてしてません。」

心外だった。この道十年を軽く超える、人前に出るのが商売の私にとって、緊張はあまり縁のない話だった。私は大阪城ホールでしゃべっても、緊張しなかった。

「じゃ、どうして質問しないの？　わかってるの？　皆の話が。」

「わかりません。」

「じゃ、なぜ質問しない？」

「わからないから、できないんです。」

「だから、質問するのよ。」

「ですから、わからなさすぎると、質問も出ないんです。質問はまず理解があって、で、理解できないところが見えてくるので可能なんです。理解できないと、なにがわからないのかさえ、わからないんです。」

なんだか、わけのわからない話になってきた。

私はとにかく、「理解」を渇望し、私にとって「理解」が死活問題であることだけは理解できた。そして決意した。

「皆に追いつく。」

能力は無理でも、知識だけでも追いつこう。

私は過去の二年分の文献を最初の一年で、つまり延べ三年分を一気に読んだ。段ボール三箱分だ。

いつでも、どこでも、読んだ。スキーに行っても、ベッドで読み、友達と遊んでもその合間に読み、新幹線は往復六時間読んだ。一度、新幹線で、ビール飲んだり弁当食べたり一眠りしたりしていた隣の席の男性が、到着した時、まだ読み続けている私にため息まじりに言った。

「そないに勉強せな、テレビ出れまへんのんか……」

とにかく、毎日読んだ。

本を一冊、休憩なしで集中してグワーッと読むと、顔がしびれる、ということも体験した。

そして、読み切った。

どの文献もとばすことなく、すべてを読み切った。

そして最悪の事態を迎えた。

……もっとわけがわからなくなったのだ！

もはや、修正不可能なまでに混線状態だった。能力を超え、オーバーヒート。混沌とした頭からは煙が出ていた。努力が期待した結果をもたらさず、泣きたい気分だった。

「先生、私、三年分の文献読んだんですけど。」

「エエッ！」

あれほど驚いた顔を見たことはない。驚かれるほど、その後に来るであろう落胆が心苦しかった。ゼミの終わりの喧騒の中、そのあまりの驚きに、私たちは二人きりの真空状態になった。

「ほんとに？」

「はい。でも、困ったことに、もっとわからなくなりました。読んでも読んでも、答えらしい答えが出ない。これだけ読んだところで、私は依然なにもわからないままです。」

言いながら情けなかった。親はどうしてもっと賢く産んでくれなかったのかと恨んだ。もう、お手上げだった。

「私どうしたらいいんですか？ あえて言うならわかったことはただひとつ、あれだけ色々あると、物事は一概に言えない、ということくらい。」

「それがわかればしめたものよ！」

教授のリアクションは予想外だった。

「それがわかればいい。」

何度聞いてもまったくもってわからなかった。いったい何をこの人は言ってるのか？

「そんなことわかったって、議論にならないじゃないですか。答えを知らないと、反論できない。一概に言えない、じゃ、討論が成り立たない。」

「議論は一面的な物言いから始まるのよ。引き出しはたくさん持っていたほうが強い。」

教授は終始ニコヤカだった。

「たくさん持ってても、情けないことに持つシリから忘れていくんです。必要な時に開かない引き出しなんて。あれだけの量、とても覚えていられない。」

「忘れなさい。」

へっ？　まったくなにを言ってんだか？

「忘れてしまうような文献はその程度のものです。どんどん忘れなさい、その中で覚えていられるものだけが値打ちがある。忘れたとしても、物事が多面体であることを知っていれば、一面的な物の言いようを否定はできる。」

「ああとも言える、こうとも言える。じゃ、どうなんだ、って、複雑すぎて答えがわからない。」

「答えはまだないの。複雑なことを単純に理解しようとしちゃだめ。複雑なことは複雑なまま理解しなさい。」

「やっぱ、解説がなきゃ無理です。山ほどの文献読んでも、そのひとつひとつの持つ意味を交通整理してくれる人がいなきゃ。一人、手探りじゃ学べない。」

泣きそうな私の訴えを耳にしながら、教授が最後に言った言葉は、「私たちは皆、独学で来たのよ。」
ポンと私の肩をたたき、教室を後にした。
そう。織田元子は学問をこう表現する。

学問の世界、ことに人文科学の世界は権威至上主義社会である。権威は真実であり、真実とはすなわち権威である。権威は権力によって維持される。そして権力はあらゆる社会、あらゆる文化において、男たちの手中にある。(『フェミニズム批評』)

そんな学問の世界へ遅れて登場したのがフェミニズムだった。
上野千鶴子はそのことをこう表現する。

「万人にとっての真理」という一見中立的で普遍的な知は誰のための、何のための知であったか?　その「真理」の名において、誰が排除され何が抑圧されたか?　その問いに対してフェミニズム以上に根底的に答えようとしてきた立場はない。(「〈わたし〉のメタ社会学」)

学問の政治性に待ったをかけたのはフェミニズムだった。とするなら、その、後発の学問の研究者はほとんどが独学なのもうなずける。
学問が自然発生的に決定的に所与のものとして存在するという思いこみは、私の誤解。学問という権威装置に気づくためのフェミニズムという根源的側面こそ最初に知らねばならないのだ。上野はこうも言っている。

「教養」や「オリジナリティ」に神秘的な意味を与える必要はない。「すでに知られていること」が何かを知ること。それと自分の考えていることがどう違うかを分節する能力を持つこと。「異見」はそのようにして創られる。（同前）

すなわち、知れ、そして、考えろ、解はひとつじゃない。それが学問だ。
文献を読んで、またひとつ知った。それは「正しいお勉強のしかた」だった。

引用：織田元子『フェミニズム批評』勁草書房、一九八七年
上野千鶴子「〈わたし〉のメタ社会学」岩波講座・現代社会学1『現代社会の社会学』岩波書店、一九九七年

賢さに種類があるとすれば

学者は賢いものだと思っていた。

いや、たしかに賢いに違いない。ただ、賢さには種類があることを私は知る機会を得た。

大学にはあらゆる形の参加者がいた。そこは学問のプロを育てるところだけあって、世界中から学者が集まっていた。その日のゼミはギリシャの学者が論文発表することになっていた。

もう、いろんな言葉が教室中を飛び交うことに慣れてきたとはいえ、「ギリシャ? いったい何語? ついていけるかな」と不安だ。

そのときだ。不安に視線を泳がせている私に上野教授が言った。

「今日のゼミ司会はあなたがしなさい。」

冗談でしょ！　なんで私にプロの発表が仕切れるのよ！　と叫ぶことも許されず、私はうなだれて黒板前の席につき、自分を責め続けた。

「なんで視線を泳がせたんだ！　ばかばか！　うつむいてりゃいいものを！」

席について驚いた。いつものゼミの学生たちと顔触れが全然違う。特別なクラスの時はその情報をキャッチしたその道のプロたちが勢揃いするらしい。何者かはわからないが、専門家たちを前に私は緊張し、心は同じところばかり巡っていた。

「えっ？　ギリシャ？　英語？　ギリシャ語？」

一瞬、教室が静まり、発表者が入ってきたことがわかった。

振り返るとギリシャの学者は若い女性で、肌が透けるように白かった。

「遅くなりました。久しぶりの日本です。上野教授、ご無沙汰いたしております。今日は私の半年間の日本滞在中のフィールドワークとしての出版社勤務から見えて来たことを発表したいと思います。」

完璧なまでの日本語だった。私はいままでちゃんとした日本語を話せる外国人はデーブ・スペクターしかいないと思っていたから、上には上がいるもんだと感心した。

彼女の日本語は尊敬語、謙譲語、丁寧語、すべてにわたって正確だった。

「神はここまで優秀な頭脳をつくりたもうた。」

わけのわからないことを口走りそうになりながら、失礼がありませんようにと祈りつつゼミを始めた。

司会として当然のことながら、一時間半のゼミの時間配分をした。発表三十分、議論に一時間だ。

膨大な資料の山にわくわくしながら研究発表が始まった。一人のギリシャの学者が日本の出版社でフィールドワークした結果、半年の歳月をかけて得た答えとは！

クラス全員が期待に息を殺しているのがわかった。

彼女の話し方は耳に心地よく、スピーディで、聞き手にストレスを感じさせなかった。笑みをたたえながら発表する彼女の真っ白な横顔は美しく、余裕すら感じさせた。司会者としての次の仕事は当分ない。議論が始まるまで発表の終わりを待つだけだ。

安心して聞き入っていたものの、ふとあることに気がついた。スタートして十五分になるというのに、膨大な資料が全然消化されないまま机の上に載っている。どう考えても残り十五分で処理しきれないだろうというくらいは私でもわかった。

勇気をもって残り時間を伝えた。彼女は目も見ず、わかっているとうなずいた。そしてしゃべり続けた。

十分経った。でも資料の山はまったくもって減らない。あと五分だ。本来なら発表のまとめに入る時間だ。もう一回時間を伝える。彼女は今度は少し不機嫌に眉間にシワを寄せながら軽く頷き、しゃべり続けた。そして、予定の三十分はとうに過ぎ、そのうえにまだ十分経過した。しかし、彼女はしゃべり続けた。

おそるおそる白い横顔に、覗き込むように懇願した。

「あの、もうそろそろ。」

少し頬を赤らめながら彼女はしゃべるスピードを加速した。

そして、なんと……一時間が経過した。

「あの、あの、まだ、資料がこんなにあって、少し心配なんですが、あとどれくらいで終わりそうですか？」

「終わらせます！」

言い切った彼女の横顔からはもう、とっくに笑みは消え、ピンクがかった肌は真っ赤になっていた。でも、しゃべり続けた。

あきらかに彼女は怒っていた。しかし、いったい誰に何を怒っているのか、私にはさっぱり見当もつかなかった。

そして、一時間二十分が過ぎた。

もう、何が悪いのか、誰が悪いのか、私の司会のせいなのか、混乱してわけがわからなかったが、このままじゃいけないことだけはわかった。

「あの、あの、あの、各界からゲストがお見えで、せめて、十分でも、議論の時間を持ちたいので、締めていただけますか？」

思いつく限りの下手に出て、泣きそうに頼んだ。相手は学者だ。

「あと二分です！」

もう、憤慨しきった顔で首を振りながら、それでもしゃべり続けるさまは、この人はこのましゃべり続けて死んでしまうのではないかとまで思わせるくらい殺気立ち、真っ赤だった。

そして、一時間半が終わった。

授業時間すべてを使いきって、まだ、彼女はしゃべることをやめなかった。

上野教授の顔を覗き見る勇気はもうなかった。

失敗だ。これを失敗といわずして何という。私が司会したせいだ。どうすれば、この人を黙らせることができるのか、神よ！

もう、日本とギリシャの文化差や、社会学など、どうでもよかった。出版社でのフィールドワークの研究発表なぞ、遠い昔の話だ。私の頭の中は、この地獄がいつまで続くのか、いつ、この学者はしゃべることをやめるのか、それでいっぱいだった。

芸能界でもこういうタイプはたまにいる。一人、時間を気にせずしゃべりつづけるタイプだ。

番組には厳しい時間規制がある。「絶対、終わらなければならない」のだ。もし仮に終わることができなくても、終わってしまう。

だから、そういうタイプのゲストが登場したときこそ、司会の腕が問われる。どれほど絶妙なタイミングで語りを止め、他のゲストに公平にふるか。そして、番組の最後に「さようなら」が言えるか。

絶対終わるのだが、終わってしまうのと、終わらせるのとでは、ギャラに差がでる。

一度、クイズスペシャルで番組最後に優勝者を発表する前に番組が終わってしまったことがある。フロアディレクターのひきつった表情。アシスタントの私の絶叫。

そして司会者の男性の最後のひとことが、

「もう時間がありません！」

「ウソ！」

これで番組が終わってしまった。この時の司会者の表情が忘れられない。余裕の「さようなら」で終われず、「ウソ！」で終わらなければいけなかった屈辱は想像にあまりある。

これまでやった一時間はなんだったんだと、皆がクシャクシャの気分でスタジオを出た。

そして私は発見した。「止まらない人を止める」コツ。

それは息だった。

人は誰でも、どれほどしゃべる人でも、必ず、その途中に息を吸う。その時だけは絶対しゃべれない。

その瞬間、コンマ一秒のタイミングに話を奪い取るのだ。

これにはすごい集中力と、運動神経がいる。しかし、この方法でいくと、絶対、話は止められる。その失礼も、「時間がない」という絶対ルールの中で許された。

でもこの空間は違った。終わらせなければ、終わりがない。また違う恐怖が私を襲う。終わらない恐怖だ。

この私ですら、その学者の語りを止められなかった。思えば、上野教授が今日の司会を私に指名したのも、これが目的だったのか、となにもかもを疑った。

授業時間をかなりオーバーしたころ、福音は突然やってきた。

「以上です。」

発表が終わった。外はもう真っ暗だった。守衛が鍵の音を鳴らしながら石の建物に靴音を響かせていた。皆、静まりかえっていた。ふと我に返った私は自分の使命を思い出した。身体はしびれ、喉はからからだった。

「せっかくですので、なにか一つでも、質問がありましたら。」

私のうわずった声に返事はなかった。

今度は沈黙が私を不安にさせた。私には彼女の発表が理解できなかった。半年かけて、日本で研究したもの、約二時間かけてまで訴えたかったことは、私には手に負えない内容だった。私にはわからないが、皆はわかるんでしょ！　皆、専門家じゃない！

「御質問を！」

叫ぶように訴えた。すると、一人の男子学生が手を挙げて私に聞いた。

「で、……何を質問すればいいんですか？」

全身の力が抜けるのがわかった。誰もわかってなかった。沈黙は困惑だったのだ。わからないのは私だけじゃなかったのだ。

言ってることが理解できないとき、私は自分がバカだからだと思った。でも、クラス全員がわからないとなると、クラス全員がバカで、皆に理解できないほど発表が高度なのか、まったくその逆なのか、私には判断できなかった。

静まりかえる教室のなか、憮然とたたずむ発表者を前に、どう収拾をつければよいのか茫然自失の私の耳に、聞きなれた声が飛び込んだ。

上野教授だった。

「発見は？」

そのゆっくりとした響く声は大地震のまえの地鳴りのようだった。底冷えのする恐怖が呼びおこされる。

「発見は？」

もう一度ゆっくり同じ言葉を投げかける行為に、教授の怒りも頂点に達しているのがうかがえた。

クラス全員固唾《かたず》を呑んで成り行きを見守るしかなかった。学者対学者。プロのお出ましとなれば、もう、学生の出番はなかった。

勝負は見るまでもなかった。

研究は、表出する現象の裏側に潜む何らかの発見なしでは研究たりえないこと。研究以前の問題。発表どころか、一から出直すしかないほどに、完膚無きまでに一人の学者が叩きのめされるさまを目の当たりにした。

ボコボコだった。ギリシャの学者は真っ赤な顔を苦痛に歪めていた。

となると、その学者が皆に二時間かけて発表したことは、「私は日本語が上手」ということだけになる。賢さの陰に隠れた落とし穴を垣間みた気がした。

気まずさで充満した教室に、溜息とも会話ともつかない雑音がよみがえり、長いゼミの終わりを感じさせた。口を利く元気もなく、閉まってしまった鉄の扉をあけ、冷たい校舎を後に、暗闇の安田講堂をチラッと見て、石の階段を降りた。

時計台の時計は夜九時を指していた。

でも、どっかで、なにかで、きっと、私も悪かったに違いないと、自責の念から逃れきれず、肩を落として歩いた。そんな私の横を上野教授が追い抜いた。私の耳元で、こう呟きながら。

「あんな学者もいる。」

返事をする間もなく、教授は軽やかな足どりであっというまに闇に消えた。振り返ると、さっきのギリシャ女性が、談笑しながら歩いていた。顔は元通り白くなっていた。不思議だった。

賢さはいろいろあるようだ。

どの賢さが私に必要なのか、まずそこからのスタートだ。

心からそう思った。

安田講堂がみたもの

私は派手な生活をしている。

まず、パーティが多い。ホテルで開催されるものもあるが、レストランでのパーティや、ホームパーティが多い。これがまた、その集まる職種によってまったく違う空間が誕生する。

あくまで、私が体験した空間であるが、まず、芸能界。

芸人さんが多い大阪では、ノリのいい人たちが集まる。そこでは「会話がとぎれる」ことなどあり得ない。基本的に皆、声がデカイ。だからやかましい。でも、芸人さんがしゃべるから、マジで面白い。座が乗ってくると、サービス精神旺盛な芸人さんは服を脱ぎ始める。パーティがスパークする瞬間だ。裸でキスを迫る男性と、キャーキャー逃げる女性。男性は裸のままガムテープで縛られ、証拠写真を撮られる。この、セクハラの嵐がなぜか楽しい。私も下半身パンストだけというすごい写真を芸人さんたちと撮っている。

そして、スポーツ選手。

とにかく飲む。浴びるように飲む。そして、食う。やたら食う。それから歌う。ガンガン歌う。デカくなりすぎた子犬のようにはしゃぐ。で、ねーちゃんを口説く。およそ欲望への限りなく、ひたむきな従順さに感動すら覚える。

職業は一人の人物を観察しているだけではその特徴を把握しにくい。パーティは職種別カテゴリーを凝縮してみせてくれる。

で、学者のそれはどうか？　初めて招かれた、学者たちが集まるホームパーティ。一度、上野教授をパーティに誘ったが、

「私の人生の貴重な数時間を他人に気遣う時間で消費したくない。」

と、断られたことがある。

「私は食事は五人までよ。」

その人数が、会話が成立する限界だそうだ。なるほど。

その上野教授がホームパーティに来る。どうなるのか、どんな空気か、どんな会話か、まったく想像できなかった。

男女あわせて十数名がマンションに集まった。男性が一枚のCDを差し出し、

「これを聞くと、天使が見える。」

と言った。芸人さんのパーティなら、このセリフだけでボコボコにやられ、服を脱がされかねない。いったいこの人はなにを言っているのか？　笑うところなのか？

CDがセットされた。

「……ほんとに聞くんだ！」

バッハのミサ曲だった。パイプオルガンの重厚な響きが部屋を満たす。全員がじっと荘厳なメロディに聞きいる。皆が何十分も石のように凝固するパーティは初めてだった。

「あとで、天使にひっかけた、何かどでかいオチでもあるのか？」

ミサ曲をききながら、真剣に考え続けた。

静かに全員がうつむく中、いつもなら誰かがお約束のように、私の太股に手をのばしてくるが、今日はそんな男性はいなさそうだった。実際、仕事の打ち合わせをしていても、気がつくと男性の手が胸のあたりに漂っていたり、「肩がこってるの」

というと、「どれどれ」と手が胸にきたり、「ちょっと、遥さん」というので、「なに」と近づくと耳元で「愛してる」といってみたり、エレベーターで二人きりになると、胸のトップを指でつつかれたり、メイク室でおはようの次にキスをねだったり、考えると、私の職場はセクハラだらけだ。

でも、ノーがいえても、それはセクハラなのだろうか？

私はことごとく、そんな輩に暴力的な蹴りを入れてきた。そして、一言、「つけあがんな！」とも。スタッフが家に遊びにきたときも、部屋に入るなり、ズボンを脱ぐので、やっぱり、蹴りをいれた。

「なにやっとんじゃ！　帰れ！」とも言った。

こういう関係でもセクハラというのだろうか？　もちろんそんなスタッフは少数だが。

ただ、「ノー！」を言って、番組を下ろされたことはある。これはセクハラだろう。相手を見て、ノーをいわなきゃいけないと学習した。

そんななかで長年生きていると、この紳士的空間が居心地わるかった。ここでは真っ暗闇で三日過ごしても、セクハラはなさそうだった。エッチなオヤジがいない。それが……不安だった。環境とはすごいものだ。

そんなことを考えていたら、ミサ曲が終わった。

「次は歌を歌いましょう。」

不安は的中した。すっかり神聖な教会と化した、こんな、沈んだ中で歌うのか？

次は過去の罪の告白しかないだろ！

「じゃ、遙さんから。」

マイクのない、カラオケのない、スポットライトのないなかで直立不動で歌う
「松田聖子」。

私はこんなに聖子ちゃんの歌が暗く、悲しいものだとは知らなかった。パチパチと数人が拍手する。バッハの後に聖子ちゃんて！　と思ったが、聞く人は関係ないみたいでまた驚く。

いったい何をどう楽しめばいいのか、誰か教えてほしかった。

次の女性はジャズを歌った。カラオケテープ持参にたまげる。

「私、踊ろっと。」

上野教授だった。

ええっ！　お、踊るの？　踊れるの？　この状況で？　この空気で？

一瞬、踊り始めた教授は、

「やっぱりやーめたっと。」

と、座った。どーいうこと！　なに？　なにもかもが理解不可能だった。

私はここでのいっさいがっさい、なにもかもが理解不可能だった。

一人の女性が「私も歌います」と立った。映画『Looking For Fumiko——女たちの自分探し』の出演者だ。

この映画は大学で学んだ。田中美津というリブの闘士を扱ったドキュメンタリー映画だ。田中は、「リブは新左翼の胎内から十月十日、月満ちて産まれた鬼子だ」と言った人だ。

その出演者の女性が歌った。歌は大学闘争時のものだった。寂しい歌だ。

直後、「なんで、そんな歌うたうの」と上野教授が責めた。

その責めが、松田聖子の歌に来ず、その歌に来る理由がわからなかった。私が一番責めたかったのは、最初のバッハだ。

ベランダで、皆が座りきれず、地べたにしゃがんでいると、

「学生時代を思い出すわ。」

と、上野教授が言った。

「私も。部活の帰り、コンビニの前でこうやって座って、いつまでもしゃべりまし

た。」

というと、

「私は学生運動の集会の時。こうやって、座って、いつまでもしゃべったわ。時代の差ね。」

といわれた。学生運動してたんだ。

初めて東大に行った時、上野教授が最初に説明してくれたのが、石の校舎に似合わない、鉄でできた扉だった。

「これはね、大学紛争の名残なのよ。」

「ふーん。」

重い鉄の扉を開けて外にでると、左手に、やたらくすんでいる安田講堂が、見える。

一回、燃えたのかなあ？　と漠然と思っていた、そんなくすみ方だった。

日本でリブが産声をあげたのは一九七〇年、安田講堂の攻防が敗北に終わったあとのことである。大学闘争が解体し、新左翼が末期に向かった時に、日常性のただなかを「戦場」として、リブは誕生した。（「連合赤軍とフェミニズム」）

と上野は書く。

リブ誕生の背景には新左翼の女性たちが引き裂かれた現実があった。

男に愛されようとすれば、「戦力」にならない「女らしさ」のなかに甘んじなければならず、男なみの能力を発揮しようとすれば「男まさりの女」として、男から愛されることを断念しなければならない。（同前）

三十年後の女性たちもこの構図は変わらない。「キャリアウーマンと専業主婦の対立は、うんざりするほど陳腐」と上野は嘆く。

私がノックしたフェミニズムの扉はどうやら、学生運動と続いているようだ。

意外なところにたどりつくなあ。リブから、マルクス主義フェミニズムまでの歴史上の人物が、今ここに、この一部屋に集まっている、と思うと、感動した。

ようやく、料理を食べる気になった。豚の舌の煮物だ。私の友達で、豚の舌の料理ができる人なんて、一人もいない。ホームパーティでも三十人くらい集まることがある。私たちのパーティは、鍋、焼き肉、サラダのどれかだ。そんな手の込んだ料理は未曾有の希有な体験だった。

この空間にはどこにも、私の日常は発見できなかった。

家に帰り、風呂にはいり、ソファーで、人気のファッション誌を開いた。リブの闘士・田中美津が見開きいっぱいにでていた。ただし、鍼灸師と書いてある。

「体は正直です。」

と、言っている。リブのリの字も書かれてなかった。

意外なところで出会った、学生運動。運動も人もその形を変えて生き続けている。

上野は連合赤軍事件のことをこうふりかえる。

わたしを含む全共闘世代のひとびとにとって、見たくない過去、できれば忘れてしまいたい歴史の汚点（同前）

その時代に青春を迎えた当事者の実感は、世代の違う私からはうかがい知れないものがある。しかし、大塚英志は上野をこう評価する。

永田洋子の手記にちらつき、彼女自身がうまく言語化できないでいる男性支配的な価値への生理的な違和は、'80年代に上野千鶴子らによってフェミニズムと名付けられ（「永田洋子と消費文化」）

「汚点」は、その形をまったく変えて、フェミニズムとつながっている。「鬼子」が誕生した七〇年代初頭から三十年近く。もう、西暦二〇〇〇年になる。学生運動とフェミニズムが「全く違うがつながっている」という発見の驚きは、逆にその違いを意識するとき、三十年という歳月がもたらす変遷を考えさせずにはおかない。しかし、その歴史のなかで、「全く違うつながり」を成立させ、生き続けているものもある。

田中美津が訴えつづけた、「男にしっぽをふる女」と「ふらない女」とのあいだが、「紙一重」の違いであるという事実（上野千鶴子「連合赤軍とフェミニズム」）

パーティには出会いがある。私は、そこでフェミニズムの変遷と出会った。次の日、東大の校舎の鉄の扉を押し開ける時、「これかあ、こいつかあ。」と思った。

新左翼って、いったい何と戦ったんだ？

鉄の扉が必要なほど激しい対立ってなんだったんだ？

私は学生たちと安田講堂前の広場で地面に腰をおろして短いランチタイムをとった。近くのコンビニで買ったラザニアとリゾットをチンしてもらい、ビタミン入りウォーターを飲んだ。

三十年前の学生たちはここでいったい、何を食べて、何を飲み、何と戦ったのだろう。

太陽の光を浴びながらも、なおくすんだ安田講堂を見上げ、当時の若者の怒濤の声に耳をかたむけてみた。

引用：上野千鶴子「連合赤軍とフェミニズム」『諸君！』一九九五年二月号、文藝春秋
大塚英志「永田洋子と消費文化」『諸君！』一九九四年六月号、文藝春秋

構図を叩きつぶす技術

テレビを見ていてせつなくなる時がある。フェミニストを名乗る人物が、妖怪扱いされるときだ。

その日も、番組冒頭から、その気配はあった。最近の社会現象として女性が男性を買春する。これがその日の問題提起だ。虎視眈々と男性たちがねらいをつけるなか、女性が語る。

「女が男を買うのはトラウマ（心の傷）の癒し」だと。

待ってましたとばかりに妖怪狩りがはじまる。

「フェミニズムって、なんでもかんでもその方程式だ。」

「フェミニズムでセコイ商売すんな。」

もうこうなったらなにを言ってもムダ。なんせ相手は最初から嫌悪感をあらわにしてまともに向き合おうとしない。言語の受け入れ態勢が整わないなかでの言論に意味はあるのだろうか。そんな相手になおもしゃべり続ける女性は、その果敢さとは逆に痛々しい。

相手ははっきり妖怪扱いしているのに、言葉を放ち続ける哀しさ。

この関係性がイヤなのだ。この構図から脱出したくてフェミニズム理論に期待を託しているのに、構図はなんら変わらない。従順でない女は妖怪だ。そして、お約束のように他の女たちは徒党を組んでカワイイ女で結束する。これとて責められない。生きる知恵だ。

妖怪は男からも女からも妖怪として作り上げられる。妖怪は孤独だ。

私自身、番組で討論していると、一対十で、女性までも敵にまわしてしまうことがある。

その時、女性たちは、そろって、上目遣いに可憐グループを作って私を孤立させる。

「卑怯者！」

と心で罵りながら、こうなったら、走り続けるしかない状況に身をまかせる。

「おまえみたいな女は、死ね！」

と言われ、番組はコマーシャルにいく。

学生から、メールが届いていた。

「遙さんもテレビであんな目にあってんの？　男性たちの言ってることにはいたるところに論理矛盾があるのに、誰もそこをつかない。なんで？」

学生の長文にわたる分析は明解だった。

私自身、なんか変？　と感じていた流れが明確に記されていた。

なんで皆、その論理矛盾をつかないか。それはつけないのだ。つけないのはなぜか？　矛盾がはっきり確認できなくて言葉となってでてこないのだ。そこにはなんとも言えない気持ち悪さだけが残る。

ここでわかったことはひとつ。理論と技術は違う。

プロのフェミニズム理論を会得していてもなお、人間扱いされない構図から抜け出せないなら、そこに必要なのは抜け出す技術。もしくは構図をたたきつぶす技術といってもいい。

テレビ番組が物語っていたのは技術のない理論の無力さであった。

ゼミの終盤にあたり、文献はジョヴァーナ・フランカ・ダラ・コスタだった。テーマは主婦と売春。ダラ・コスタは主婦と売春を共通に扱うパラダイム転換をおこした人物だ。

売春とはなにか、娼婦とはどういう身分か、自由な性商品に破格な価格がつくのはなぜか。

性に関するあふれるほどの「なぜ」が整理されていく。

その時、私にメールをくれた学生が発言した。

「女が男を買うという逆転現象を、上野教授はどう分析しますか？」

この時ほどゼミをうけててよかったと思ったことはない。

くやしいとき、情けないとき、上野教授ならこの状況をどうしただろう、と上野に尺度を求める気持ちがいつも自分のなかにある。

上野なら、どう言うか？ それをここでは、上野に聞ける。

「女が男を買う？ それ、ギャルが汚い中年のオヤジ買うの？ 違うんでしょ？ あいかわらず年下の美少年を買ってるわけでしょ？ じゃ、なんら目新しい逆転現象でもなんでもない。今の社会がもつ性の価値の副次的なものにすぎない。」

テーマ提起に意味なし、ということだ。これが、構図をたたきつぶす技術だ。

議論が始まるまえに一言。

「語る値打ちなし。」

おみごと。

技術のない理論が無力なら、なぜ、論理が必要なのか？　あふれるほどの論理より、やみくもな技術のほうが実生活では役に立ちそうな気がする。

上野は語る。

直観とは、分節される以前の論理の別名である。直観から論理への距離は長そうにみえても、そのあいだには連続性がある。だが直観だけのレベルでは自分以外の人びとを説得することができない。（「記憶の政治学」）

暴れたあとの、「なぜなら」を説得するときに役に立つのが論理だ。となると、暴れることなしに、「なぜなら」ばかり修得してもしかたがない。逆に、「なぜなら」の量だけ人は暴れてもよい、となる。

言説の格闘技が人の支持で勝敗がきまるなら、説得力は不可欠だ。

「学問は直観を論理的に分節する後追い作業である。」（同前）

ならば、直観が多岐にわたればわたるほど、学問が必要になる。

マスメディアは直観の宝庫だ。娯楽と同時に処理しきれない気持ち悪さも放出している。そして、そのマスメディアをも上野は重視している。

マスメディアの言説が「現実」の重要な構成要素となるにつれ、言説生産者としての社会科学者の責任はますます重いと言わざるをえない。(同前)

ここにきて、気持ち悪さと社会学は離れられない関係になる。学問なしに己れの気持ち悪さは解消できない。学問のないケンカに人の賛同は得られない。

「上野先生、もし、私が芸能界で出世したら嬉しい?」

と聞いてみた。

「そりゃそうよ。フェミニズムはマスコミを置きざりにしてきたもの。」

さりげない会話のなかに社会学者の上野が私を受け入れてくれる背景の一端が見える。まだまだ、勉強しなければならないことは山ほどある。

引用:上野千鶴子「記憶の政治学」『インパクション』103号、一九九七年六月号、インパクト出版会
「〈わたし〉のメタ社会学」岩波講座・現代社会学1『現代社会の社会学』岩波書店、一九九七年

学者はなぜ、打たれ強いか

私はジェンダーコロキアムが好きだ。

ここでは毎週、著者を交えてのゼミがある。この、作者自身と会えるというのはたいへんぜいたくな環境で、それを満喫するためにも私はこのゼミに参加する前には必ずその本を読むことにしている。

今回は『道徳派フェミニスト宣言』の著者、永田えり子だった。教室に入ってくるなりまず、登場人物の多さに驚いた。聞くと、出版社の方々も同伴だ。

なぜ、という疑問の答えはすぐ後に知ることとなる。この時は司会に上野教授本人が立った。まず、上野は聞く。

「なぜ、道徳という、いわばフェミニストたちにとってのダーティワードを本のタイトルに選択したのか？」

こんな司会がしてみたい、と思った。教室全体が息を呑む。当然、私にも興味がある質問だった。

道徳のみならず、伝統、本能、文化。これらの言語装置がいかに女性から自由を奪い、自由を欲する気持ちも奪い、あげく、戦う気持ちすら葬ってきたか。どれをタイトルに持ってきても、フェミニストたちの神経を逆なでするのは必至だ。いったい何から回答すればよいのか、という表情が著者からうかがえる。

彼女が答えに躊躇するのは当然だ。なんせ、ここは「トーダイ」である。そこにいる人はそのことをなんとも思ってない。だって、全員そうだから。でも他から入ってくる人は違う。

「下手なこと言うとヤラれる。」

なにがどうヤラれるのかわからないが、そんな緊張感をその慎重さにひしひしと感じる。

だいたい、その著者にしてみれば、すべてが突然だったろう。突然、電話が鳴り、あなたの本を議論の俎上に載せたいから、東大に来てくれ、と言われるのだから。

つまり、東大生のエサになってくださいと。自信の著作でも、多少力が入るだろうくらいは人情だ。

その時、出版社の女性が口を入れた。

「代わりに返事させていただいてよろしいですか？」

これでわかった。彼女たちは著者の援護射撃軍団だったのだ。その用意周到さに改めて腹帯をしめなおしてきたことがうかがえる。

「そうくるのはわかってました。わかってて、私たちはあえて道徳という言葉を使用しました。」

ほー。強気だな。敵もやるもんだ。

不思議なもんで、援護射撃の構図が「敵」を生む。

「あえて使った目的は挑戦です。」

カーッコイイ！　いきなりの銃撃戦だ。しかし、ゼミ学生も黙っていなかった。

「私はこの本を読んで、これほど、怒りにふるえたことはありません。」

ギョエー！　もっと、優しい表現ないの？　初対面だよ！

しかし、著者もただものではなかった。あらゆる挑戦的な質問に柔軟に、ときに突き放しつつ、議論を巧みに展開していった。私も質問してみた。

「あの、なぜ、再生産責任が経済のみに還元されて、そのうえ、経済力のない男性を擁護する表現をお選びなのか？」

著者は本のなかで子育てなどの負担を、つまり「再生産の責任」を、「女性個人に帰してきた」社会を糾弾し、「男性の責任放棄分」を、経済的に「男性たちが共同で担うというシステム」で還元できないか、と提案する。ただ、問題は、「未成年者や経済的に困窮している男性」だとする。未成年者や経済的に困窮しているにもかかわらず、母になってしまうのが女性なのになぜ？と思った。

その時、上野教授が割って入った。

「私もそう感じました。つまり、この議論は現実的じゃないってことです。」

エエッ!! 私、そんなキツイこと言ってないヨー！

ゼミは一事が万事その調子だった。まず感心したのは研究者の打たれ強さである。日頃のゼミで、教授に一言批判されただけで、

「ごめんなさい」

と謝る学生に、「謝られても……」とずっこける教授の気持ちがわかった。著者の逞しさは本物だった。私にはそう見えた。長年かかって研究した成果を二、三の批判ごときでひるんでなるものか、という強靭な精神力が、この残酷にも映る討論を

支えているように見える。それもそのはず、上野は、

パラダイムは当事者の経験を構成する世界観の根底をなしており、「説得」や「論破」によって取り替えることができるようなものではない。（「〈わたし〉のメタ社会学」）

と、知的パラダイム（理論の構成枠組み）の強靭さはすっかりお見通しだ。

戦っても人は変わらない。どっちの意見が専門家集団に支持されるか、だ。

私にはなぜ、同じフェミニストたちが戦うのかわからなかった。社会に異議申し立てをしているんだから、仲間じゃん、と甘っちょろく思ったりする。しかしどうやら、フェミニズムとさえ書けば、みな、仲間、ではなさそうだ。

上野は社会学研究において、

「買春は悪い。そうだ、買春はわるい。レイプは悪い。そうだ、レイプは悪い。」

と前置きし、それらの「100パーセントの正義」は「何万言ついやそうが同じ」で、「どれも退屈だ」と言う（『発情装置』）。

「なぜ？」

その問いに対する答えで人々を納得させることができないかぎり、限りない批判

が押し寄せる。

もし、私なら、耐えられるだろうか。やっと出版にこぎつけた本を、「イヤなタイトル」と言われたり、「腹が立った」「現実的じゃないのよね」なんて直接言われると、泣かずに辛抱できるだろうか？

こんなレベルでしか想像できない自分も情けないが、研究者とは勇気ある職業だと感心せずにはいられなかった。だいたい、ボランティアで学生たちの批判をあびにくるか？ 私だったら、ほめてもらえるんだったら、行く。それでもボランティアだったら、行かないかもしれない。

私には批判する勇気さえない。その自信もない。ただ、目の前で起こるバトルをかぶりつきの席でみているだけだ。そして、勝敗を分けるプロの勝負を、生で味わえる環境に心から感謝していた。

引用：永田えり子『道徳派フェミニスト宣言』勁草書房、一九九七年
上野千鶴子「〈わたし〉のメタ社会学」岩波講座・現代社会学1『現代社会の社会学』岩波書店、一九九七年
『発情装置』筑摩書房、一九九八年

テレビで言っちゃいけないことの裏にあるもの

「みなさんは従軍慰安婦の存在を知ってましたか?」

韓国からの留学生の質問だった。

皆、慎重に言葉を選んでいた。

「答えてあげなさいよ。」

上野教授が学生をにらみつける。教室の空気は緊迫したままだった。

ゼミはその年のテーマ、「ナショナリズムとジェンダー」において、国家とはなにか、戦争とは? そして、そのなかでなぜ、性奴隷が誕生しなければならなかったのか、そこから見えてくるものはなにか、という一年の佳境に入ってきた。

一年を通して見えてきたもの。

それはどうやら歴史は済んだ過去のことではないらしいということ。戦争が突発的なものではなく日常から誕生すること。あらゆる歴史的悲劇はその芽が日常に潜んでいること。そして慰安婦も日常から誕生したこと。

そして、その日常に今も私たちは生きている。つまり、よき妻も、キャリアウーマンへのセクハラも、従軍慰安婦も、一本の線につながっている。明日はわが身である。

教室で回されるアナウンスメントファイルの資料は、「慰安婦」に関するシンポジウム、映画情報、などで満たされていた。

テレビニュースではその一面、ほんの一面だけが現象として報じられ、そのことの持つ意味を解説してくれるコメンテーターは発見できなかった。仕事先の二十代の女性に聞いてみた。

「従軍慰安婦って知ってる?」

「は? チュークウオン、ヤン、フー? それ、中国語ですか?」

どうやら、彼女はニュースも見ていなかった。聞いたこともないという。

狭い日本で、この幅の広さ! 感嘆ものだ。

かたや、韓国人学生と議論する二十代、そして、聞いたこともない二十代。

一度、テレビで「慰安婦」についてしゃべろうとしたら、VTRを止められた。テレビでしゃべらないから、そりゃ、テレビ見る若者は知らないだろう。

思えば、テレビでしゃべっちゃいけないことってけっこうある。

正確に言うと、タレントという立場の人間が、バラエティ番組で、中途半端に近づかないでくれ、とされる言葉がたくさんある。

「慰安婦」もそうだし、部落問題、人種差別、天皇制、性器の名前、etc.

そして、すごいことに気づいた。仕事場で近づくなと言われた分野のすべてが、私が大学で学んでいることだった。人間、隠されると見たくなるものだ。

いや、なぜ隠すのか、それを正しく知ることで、隠さなきゃいけない理由も知りたかった。ほんとに、近づかないほうがいいくらい「危険」なのか、そうじゃないのか。命を落とすのか、ちょっと熱いだけなのか。

結論から言うと、「危険」なのは隠された言葉ではなく、隠す「思想」だった。隠すから問題を見えなくする。見えないから、理解ができない。理解できないから誤解を生む。

誤解はいらぬ恐怖を呼び、その恐怖感こそ「危険」思想になる。そして、一度「危険」とされたら「そのエリア」は番組責任と直結している。

じゃ番組に、死ね、とも言えない。同じく、私も今の私の立場では、言うなと言われた言葉は言えない。生きるためだ。

しかし、すでに選ばれた情報を、なんか変だと感じず、なぜ？　と疑問をもたず、知ろうとせず、そして、なんの問題意識ももたないで生きるということは、とてつもなく、恐ろしい。

無知が悲劇をくり返すことは歴史が物語っている。タレントをしている限り、私はその共犯者でもある。だが、私は日本の未来より、明日の自分のギャラのほうが気になる。

テレビで、サッカーの人気選手が「日本のためにがんばりたい」と言っていた。危険だなと感じたので、元オリンピック選手の友人に、何のためにがんばったのか聞いてみた。

「日本のためにきまってるじゃない！　あと、誰のためにがんばるのよ！」

「いや、自分のためとか……」

「ばか言わないでよ。国旗掲揚で『君が代』聞きたいからがんばるのよ。がんばった結果、我が家の名字が旗になって揚がったってしょうがないじゃない。音楽、何かけんのよ。どーすんのよ、それじゃあ。どうやって盛り上げんのよ！」

上野千鶴子は「国民国家と個人との同一化を、わたしたちはナショナリズムと呼ぶ」と前置きしたうえで、

わたしたちはナショナリズムのなかで自分と民族とを同一化することで「われわれ」と「彼ら」を作り出しているが、この集団的同一化は、強者、弱者のいずれのナショナリズムの場合にも、罠としてわたしたちを待ち受けている。（『ナショナリズムとジェンダー』）

と、警告している。

国のためにがんばる、と、国のために殺す、は、つながっている。だからといって友人に、「それが戦争を生むのよ」とは言えなかった。友人の青春を批判する権利は私には、ない。

こんな例がある。アメリカから来た学生と、年配のおじさまと、一緒に食事したときだ。

突然、おじさまが、「あの時はすまなかった」と学生に頭を下げた。聞いてみると、過去の日本の真珠湾攻撃を謝ったのだった。この、みごとなまでの同一化！

「本当のことを教えてやろう。」

といって話しかけてきたのは戦争世代の老齢の男性だった。京都の高級料亭のお座敷で、紳士淑女が集まっていた。私が一番年下である。「従軍慰安婦というのはね、男には抑えきれない性欲というのがあるだろ。だから強姦を避けるために国が準備したんだ。それが真実。」

この、「本当のこと」といい、「真実」といい、なぜ、事実がひとつだと、きめてかかる物言いをするのか。

なぜ、戦争を代弁できると思うのか。

なぜ、迷わず私が何も知らないという前提で話されるのか。

なぜ、「性欲」という言葉をつかうとき声をひそめるのか。

私にはわからないことだらけだった。

上野は「慰安婦」問題を扱うときの要として次のような概念をかかげる。

わたしが「現実」と呼ぶものは、「事実」と同じではない。強姦の加害者と被害者とのあいだで、「経験の内容がこれほど落差のあるときに、それがひとつの「事実」だと、どうして言えるだろう。そこではむしろ、まったく異なったふたつの「現実」が生きられており、当事者はひとつの「事実」を共有してさえいない。（同前）

「戦争時の出来事の解釈はいろいろありますから……。」

私は話を終わらせる方向にもっていった。私の疑問をぶつけるには状況がそぐわなかった。ここは、教室ではなく、お座敷である。

が、そうはいかなかった。

「いや、真実はそれなんだ。」

私がそこで納得し、感嘆し、歴史の証言者に対しての敬意を表しないかぎり、その場が収まらないのは目に見えていた。それが年下の女性である私がとるベストの態度であることは、私もわかっていた。

しかし私にはそれができない。かといって、議論するのもいやだった。

議論になると、かならず、そこは激情の嵐となる。なぜ、議論すると、つまり、女性が男性のいうことに反論すると、彼らはああも感情的になるのかは、私の長年の疑問だった。

が、織田元子が『フェミニズム批評』で男性心理を見事に分析し、男性自身がなぜそんなにも自分が優位に立つことに固執するのか、そしてそのためには女性の劣等性がいかに不可欠であるかを暴いてくれていた。

「女からのちょっとした反論に顔面蒼白で怒り出す男など珍しくもない」――彼女

はそういいきれる背景として、ウルフの次のような言葉をあげている。

女性が真実を語り始めたら最後、鏡に映る男性の姿は小さくなり、人生への適応力が減少してしまうのである。(『私ひとりの部屋』)

慰安婦の話題から険悪な食事会になりかねないのを避けるために、私は自分のダメ話をすることにした。ばりばり働き出してから、いかにろくな料理をつくってないか、洗い物をしないか、掃除しないか、洗濯しないか。女として、いかに劣等生か。

ようやく、空気がなごみだした。紳士淑女たちに笑顔がもどった。

私の頭にはまたしても織田元子の言葉がよぎった。

男並みにがんばると「女らしくない」ので「劣等」、女並みにおとなしくしていると「やはり、しょせん女」なので「劣等」、結局、どういう生き方をしても「女の劣等性」から抜け出せない仕組みになっている。(『フェミニズム批評』)

知は現実にジレンマをもたらす。

知は従順で素直な私を遠ざける。

私にとって、「慰安婦」問題はひとの無知とかたくなさと、私自身の卑小さを痛感させる。

引用：上野千鶴子『ナショナリズムとジェンダー』青土社、一九九八年
織田元子『フェミニズム批評』勁草書房、一九八七年

難解な文章の克服法

「今期のゼミ司会と発表者を自発的に書き込んでください。書き込みがない場合は人気のない文献と判断して削除します。話は簡単。書き終わるまで終わりません。」あいかわらずのスパルタに溜息がでる。上野教授は常に学生の意欲を挑発的に確認する。

「やるの？　やらないの？」

という脅迫めいた言いまわしは、ゼミ開始のしょっぱなから学生をはらはらさせる。初期、司会をするだけでも胃の痛い思いを体験した。その私に、「発表はしないの？」と研究室で言われ、予想外の質問に、いつ急に仕事が入るかわからないので発表に関して慎重にならざるをえない旨をいうと、「ご配慮いただいたのね」と言われた。通訳しよう。

「あなたが学問に前向きになろうと、なるまいと、あなたの自由。じゃ、うかがうけど、何のためにここに来てるのかしら？　別に私が頼んだわけじゃなし。前向きになれないあなたを叱る気も、その責任も、私にはありませんから。」

そう私は理解した。じゃ、聞くけど、私の発表なんて、皆聞きたいか？

私はいつもカルガモの七匹めの子の気分だった。やっとやっとで、皆についていってるのに、親はこれでもかと次々難題をつきつける。発表なんて、カルガモの七匹めに一メートルの崖を飛べと言ってるようなものだ。

「まだ、発表者が埋まっていません。どうしますか？　この文献やめますか？」

教授の言葉は学生ひとりひとりを追いつめる。

私は、一メートルの崖を飛ぶ決意をした。私は黒板の発表者空きスペースに〝遙〟の文字を書き込んだ。書いている間も、ほんとにいいんだな、と自問自答していた。

そして、その日から私は鬱病のようになった。

発表とは文献批判である。私にはいつまでたっても、「学問は教えをいただくもの」、から、「批判するもの」、への変更がままならなかった。ついつい「そーなんだ」と素直に読んでしまう自分を叱咤しつつ、「ほんとか？　ほんとにそう言えるのか？」の視座を失わないことは過度のストレスだった。

そして、読んだ。数え切れないほど読んだ。そして、驚いた。何の疑問もでない……。

発表で皆をよくうならせている学生に聞いてみる。

「そのとーりでございい、ごもっとも、というような文献の時ってない？」

「あるよ。」

「そんなとき、どうすんの？」

「批判するんじゃなくて、広げるんだよ。論点を広げることでなにか出てくるから。」

「何か出るかなあ？」

「大丈夫だよ。」

まったくここの学生はへらへらと遊びながら、抜け目なく勉強する。一方で、居酒屋にしけこんでも、聞かれもしないのに私の口からでる言葉は、

「今度、発表や。」

なにをしてもそこから離れられないのだ。そして、もう一つ私を不安に陥れてい

たのは、出席率だった。教室に誰もきてくれなかったらどうしよう。「おまえの発表は聞く価値なし」のメッセージを前に、私はいったい誰にむかって発表すればいいのだろう。

「来てね。頼むから来てね」は、「今度発表」とセットのセリフだった。まるで、チーママの開店初日間近の、「オープンに来てね」と同じで、学生をつかまえては頼み続けた。

実際、タレント活動は、大阪の高級クラブの集まる新地と直結していた。芸人さんは派手に遊ぶのである。その仲間として私のようなタレントは遊びに連れていっていただく。また、まるで芸者や舞妓を連れ歩くのが好きなスポンサーがそうするように、私のようなタレントでも連れ歩くのをよしとされる方もいらっしゃる。

その時は半分仕事で私たちは新地へ急ぐ。新地のクラブのママもそこんところは心得ていて、帰りにそっとプレゼントを握らせてくれる。ごくろーさん、また、おいでや、というワケだ。

たまには、連れて行っていただくばかりではなく、自分で新地遊びをしたい時にはエイヤッとお金を使う。それも気持ちいい！

こうやって新地遊びを覚えていくんだな、と思いながら、ホステスたちの必死の商売姿勢も勉強する。その新地の商売のしかたを垣間みる私としては、「来てね!」が、こんにちは、くらい自然に言えた。

次は肝心の勉強だ。レジュメと呼ばれる発表文を創作してみて、また驚いた。

文章とは自分のわかっていることしか書けない。

当然のことのようだが、改めて気づくと驚く。いつも難解なレジュメを読んでいると、レジュメというものは、書けば、勝手に難解になるものだと漠然と思っていた。しかし、読むとやってみるとでは大違い。論文どころか、作文のようなレジュメができあがった。

そして、当日。

ぞくぞくと学生がやってきた。もう、それだけで感謝だった。いつもは来たり来なかったりの博士課程の学生まで、日頃、昼過ぎまで寝ているのに、朝からさりげなく来た。発表を聞きながら、これまたさりげなく朝食をとっている姿に涙がでた。

そして、問題提起をしきれていない私のレジュメから、問題を展開する意見を、これまたさりげなく発言してくれる。そこには私の発表への批判というより、応援が感じられる。

やっぱ、私は七匹めだ、と思った。

論文は難解だ。誰がなんと言おうと、私は断言できる。難解だ。

世の中には、十回読んでも理解できない文章がある。でも、なかには、二、三の平易な論文もある。これも事実。

これはいったいどういうことか？　そこでもやはり上野の言葉に励まされる。

社会科学の文体は「難解」であってはならない。（「〈わたし〉のメタ社会学」）

と、断言するところから、この「難解」を、私だけがもてあましているわけではないことがうかがえる。この「難解」さを上野はこう位置づける。

その文章が「難解」であるとすれば、たんに悪文であるか、それとも書き手自身にとって未消化なことがらを書いているからにすぎない。「難解さ」は社会科学の記述にとって何の名誉にもならない。（同前）

なんとわかりやすい。

私は自信をもって、自分の作った論文、ではなく作文、を発表した。

ただ、私の選んだ論文のタイトルは「戦後女子労働史論、女子労働論の再構成」だ。

「タイトルにひらがながないでー！」

と叫んでいた日から、一年が過ぎようとしていた。

何も進歩していない焦燥感にかられる日々のなかで、少なくとも、ひらがなが極端に少ない文章に対する恐怖感からだけは脱したようだ。

学問には時々、エイヤッとばかりの勇気がいる。

引用：上野千鶴子「〈わたし〉のメタ社会学」岩波講座・現代社会学1『現代社会の社会学』岩波書店、一九九七年

「開き直り」の理論とは?

どうしても出たいのに、仕事で出られないゼミがあった。文献は『ナショナリズムとジェンダー』、上野千鶴子本人が書き、しゃべる。一年かけて、参考文献を読み、討論し、研究してきたテーマが、一年後に教授自身の手によって、本となる。これほど完結した授業があろうか。一年の収支決算の意味でも、ぜひそのゼミには出席したかった。

「あの、ゼミをテープに録音してもいいですか?」

教授と並ぶと、彼女は小柄、私はいま流行の厚底シューズを履いているぶん、もっと高い。おのずと教授のほうが私を見上げる形になる。表情が動かないまま教授の顔はゆっくり上を向いた。

「外部に公表しないと約束できるなら、許可します。」

フーッと力がぬけた。なぜ、「いいわよ。でも他の人に聞かせちゃだめよ」という日本語にならないのか、つくづく不思議だった。私はもう、ここに来て、一年になるっていうのに。

あわてて、学生仲間に録音を頼むことにする。

「いいですよ。」

「御礼はなにがいい?」

「うーん、靴下。」

ほんとに、安くつく。仕事場では御礼に商品券、花束、という日々のなか、今でもここの金銭感覚にまだ慣れない。

一度、学生に一カ月いくらあったら生きられるか、家賃も含めて、と聞くと、

「四万円」と答えた。

驚く私と、エヘラエヘラ笑う学生たち。

ここの学生は冷暖房なし、共同部屋で生きられる。一度就職しても、やめてその生活にもどり、学問を選ぶ学生や、奨学金の学生がけっこういる。

物欲まみれで、『an・an』に出てくる部屋を切望する私には理解できない。私は

どれほど「学問」しても、物欲に変調をきたす兆しすらない。

テープは圧巻だった。そりゃそうだ、一年間、同じテーマで共に研究し合った学生たちがそのテーマの大家にぶつかるゼミ。そこは学生と教授ではなく、専門家と批判される学者の構図が許される空間になる。

〈従軍慰安婦〉問題を中心に「被害者」とはなにかを語る教授に質問が飛んだ。

その質問に耳を疑った。

「なぜ、あなたに言えるのか？」

と、テープから流れる声。批判したその声は「女王」と私があだ名する学生の声だった。

エキゾチックな風貌にダイナマイトボディ。いつも、堂々と遅刻し、ゆっくりと席につく。形よく整えられた濃い眉毛をキッと上にあげ、伏し目がちな目にも自信が漂う。女王が発言しない時の「今は黙っててあげる」としか見えない余裕が私に焦燥感をもたらす。仮に女王が発言したとしても反論できる学生はほとんどいなかった。

女王の女王らしさは、食事の摂り方でも他を圧していた。その豪快な食べ方に、「メスライオン」を感じる。

つまり、いつでもどこでも、女王は女王だった。その女王が教授に口を開いた。

「なぜ、あなたに言えるのか？」と。

これはすごい質問である。それは研究者のアイデンティティが問われる質問だ。

そして、教授は答えた。

「なぜ、私に言えないんでしょう？」と。

かかってこいとばかりのやりとりに、テープから、雑音が消える。教授はたたみかける。

「誰が、どういう理由で私に、言うことを禁じ得るのでしょう？」

女王も負けない。

「言って教えてもらう筋合いはないと言われたら？」

「教えてあげてるのではありません。言っているのです。」

「言われる筋合いはないと言われたら？」

「私が言うことを、その人が聞かない権利はあります。でも、私が言うことを、禁止する権利は誰にも、ない。」

ここは永平寺かと思った。その禅問答のようなやりとりに圧倒される。

自分の育てた学生が自分に挑む。教授はどんな気持ちだろう。

「〈わたし〉のメタ社会学」で上野は書く。

わたしのこの「社会科学」観もまた、その限界ぐるみ、90年代の今日の認識論的地平の産物である。（中略）この立場もまた、いずれ乗りこえられていく運命にあるだろう。

数え切れない文献の数だけ研究者がいる。過去から現在まで、学問の歴史は「乗りこえる」作業だ。あらゆる発見が次世代によって、乗りこえられる。学問が「万人にとっての真理」でないこと（上野・同前）は最初にたたき込まれた。

上野教授は授業中も、よく言う。

「私は私を乗りこえる研究者を育てるという行為をしている」と。

私は上野千鶴子に闘い方を学びに来た。教授の闘い方を見ることは、実践を学ぶことだ。

私は「開き直りの理論」を発見した。

「なぜ、あなたに言えるのか？」

「なぜ、私に言えないんでしょう？」

は、その典型ともいえる。

攻撃されたら、まず最初に開き直り、そこから、理論を構築していく。
そのいい例が上野の「戦後責任とパブリック・メモリー」の中にある。

ある企業のトップに近い方とお会いしたとき、「(中略)やっぱり女の子は仕事に対して腰が引けているように思うのです」と、おっしゃいました。私は、「その通りです。それでどこが悪いのですか」と思います。なぜか。あの程度のハシタ金で、しかも、自分の貢献に報いてくれそうもない企業に対して、自分の人生の100%どころか120%を売り渡すことに何の利益があるのでしょうか。(中略)自分の私生活、家庭生活とのバランスを考えて、最初から仕事に腰が引けています。これを正気というのです。

私なりに発見した、理論は理論だけでは戦えない、そこには必ず技術がいる、ということ。そのひとつがこの「開き直り」だ。

「やっぱり女は」で始まる攻撃に「だって」や、「でも」は、肯定的に作用こそすれ、なんら革新性はない。開き直る勇気と説得力こそが必要とされる。

スタジオには関西でも名うての男尊女卑タレントが面を並べていた。

男性が言う。

「女はな、多くを望みすぎるんや！」

ここだと思ったので、心を上野千鶴子にして、やってみることにする。

「多くを望んでなにが悪い！」

そして、驚いた。

男性たちが黙った……。

やったー！とは喜んでいられない。早く、理論を出さなきゃやられる。

「欲ぼけの行かず後家」と。

そして、私は困った。一年分の理論のいったい何からしゃべればいいのか、家父長制か、マルクス主義フェミニズムか、ジェンダー論か。

「えっとー」

と言うなり、コマーシャルだった。

この時ほど、日頃、議論を途中で切られる憎きコマーシャルに感謝したことはない。テレビ番組の構成上、理論を話す時間はなくても、ときには闘いに勝つこともあるのだ。

上野は語る。

フェミニズムの「主要な敵」は男性であることを私は公言してはばからない。(『家父長制と資本制』)

このように敵を絞りこんでみせる強気な表現の大前提として上野は、次の言葉を掲げる。

「解放の思想は解放の理論を必要とする。」(同前)

そう。理論。フェミニズム理論に家父長制の概念は不可欠だ。そして、そこでも上野の戦術が異彩を放つ。どこがどれほど違うのか、まず、基本的家父長制の概念を他の著書で見てみよう。

「女性を犠牲にして男性に特権を与える普遍的な政治構造」(『フェミニズム事典』明石書店、一九九一)

「家長権をもつ男子が家族員を統制、支配する家族形態」(『社会学事典』弘文堂、一九八八)

他にも数々あるが、そんななかで上野は家父長制の概念をこう定義づける。

家父長制とは「女が自分の胎から生まれた生きものを、自分を侮蔑するべく育てるシステムのこと」（『家父長制と資本制』）だと。

このわかりやすさ。過激さ。過激な言説、強気な表現の底には、それを支える膨大な理論がある。上野の表現に面食らえば面食らうほどに、その裾野に広がるであろう広大な理論の海に、私は思いを駆け巡らせる。

引用：上野千鶴子「〈わたし〉のメタ社会学」岩波講座・現代社会学1『現代社会の社会学』岩波書店、一九九七年
「戦後責任とパブリック・メモリー」日高六郎、高畠通敏編『21世紀　私たちの選択』日本評論社、一九九六年
『家父長制と資本制』岩波書店、一九九〇年

「結婚」とフェミニズムのシュールな関係

「なんで結婚しないの？」

初対面の人に必ず聞かれる質問だ。

「こんにちは」の次に簡単に説明できるほど、話は単純ではない。あえて単純に言うなら「イヤだから」に尽きる。そして誰もその理由じゃ納得しない。

「なんで？」とけげんな表情だけが残る。

ところが私みたいな「結婚拒否型」ばかりがフェミニストを占めているわけではなかった。

「皆、結婚しないんでしょ？」

いつも、他人から聞かれる質問と同じテンションで聞いてみる。同じゼミ仲間の学生たちは口いっぱいにケーキをほおばっていた。

「するよ。」

そのなにげなさにフォークを落としそうになった。

私たちはゼミで、恋愛、結婚、家族、家庭、愛、あらゆる文化装置を疑ってかかることからジェンダーとナショナリズムの関係性を暴くことを学習してきた。その中で「結婚」ほど内面化され、利用されてきた概念はない。その強固さたるや、今現在に至っても結婚産業の繁栄に容易に読みとれる。

結婚で得をするのは誰か？　なぜ、結婚と幸福感とが疑うことなく世代踏襲されるのか？　なぜ、女性自身がそのシステムから逃れようとしないのか？　その背景に何が見えるのか？　構造に気づかれると困るのは誰か？　から、人間の単純さ、弱さ、狡猾さ、怠惰、に至るまで考える機会があった。

そして、彼女たちはその専門家でもある。

「なんで？」

私がいつも皆にされている、けげんな表情で同じ質問をした。

「やってみたい。」

「研究のため？」

「違う。やってみたいの。かわいい食器をそろえてみたい。」

その答えに私は深く息を吸い込んだ。

無理もない。博士課程はまだ、三十歳前後だ。男と暮らすことに甘い幻想がある。ケーキの横には恋人と暮らす生活グッズを特集した雑誌が積まれている。幻想とわかっていてもやってみたい。

雑誌の恣意性、政治性を知りながら、彼女たちはそこからファッションをも学ぶ。そういう意味では一見フツーの女の子だ。ただ、彼女たちは「知ってて」やっている。そこが、私の二十代と根本的に違った。

知らずに経験し、知った後の狼狽、衝撃、憤怒。

「一人はええで。エアコンがまず、自分の好きな温度やろ。好きなテレビ見れる、好きなとき読書して、いつ帰ってもいい。帰らなくてもいい。自分の部屋でくつろげる。男といると、そのひとつひとつでいちいちケンカか、すべてあきらめるかやで。」

後日、この私の発言が、その場にいた学生の手で、文章化されたので驚いた。

「男女の関係性とエアコンの温度」だった。

ちょっぴり感動した。それほど、学生たちにとって想像と生活は遠いところにある。

「へっ？　そんなもんけ？」というのが、彼女たちのリアクションであり、「そんなもんよ」というのが私。エアコンの延長に家事があり、育児があり、介護があるケンカのむこうに権力闘争があり、あきらめのむこうに支配がある。

田島正樹は「フェミニズム政治のメタクリティーク」（江原由美子編『性、暴力、ネーション』所収）で、それらを一言で「日常生活のすべての場面に渡ってパルチザン戦を試みる」と表現している。

そういえば離婚直後の女性の表情は、帰還兵のそれと似ている。私は少なくとも、いつも自分が言われる、「なんで結婚しないの？」と、同じ不可解さでもって、「なんで結婚するの？」と学生たちをまじまじと見つめてしまう。

知っても知らなくても同じ道を歩むなら、じゃ、知は人生の実践には無力なのか？　家父長制の罪を暴きながら、「○○家に嫁ぎます」と彼女たちは言えるのか？　たとえ、もっと斬新な結婚形態をとるにしても、神仏を拒否し、○○家を拒否し、同姓を拒否し、白無垢を拒否したからといって、家父長制の罠から逃れられなかったフェミニストたちの姿を歴史で見る限り、「結婚」がその甘いイメージの向こうに隠し持つ、けた違いの危険性から逃れられるという保証はない。

上野は『発情装置』で

二人だけの「愛の王国」は、「さしむかいの孤独」にも、「出口のない地獄」にも、かんたんに転化する。

として、「対幻想」の危険性をとく。

〈対〉がそのままで「よきもの」とは限らないというのに、人に「つがえ」と命ずるものは何か。対幻想は「一人では不完全。他者のいないおまえは無だ」と、女を(そしてときには男をも)脅迫する。

上野は対幻想が女を「愛の名のもとに主体的に自己放棄」させ、「父の支配から夫の支配」へと、「やみくもにテイクオフ」させると分析する。

――おとうさん、サユリは何もかも捨ててあのひとに随いていきます。名誉も財産もいりません。好きな音楽もあきらめます。あのひとの夢を一緒に追うのが今ではわたしの夢になりました。

どうしてこんなあからさまな「家父長制の陰謀」に、ほんのひとときでも、娘たちは胸をときめかすことが出来たのだろう?

それを、上野本人から学ぶ学生が、結婚を夢見る。

私には釈然としない思いと、そりゃ一度はねえ、という思いが錯綜する。

「結婚したいと言ってください。」と局側から言われることはめずらしくない。それらの番組の視聴者は圧倒的に主婦層である。

「へ? 私はしたくないんですけど。」

「それじゃ、困るんです。あなたも損だ。主婦全般に反感をもたれる発言はやめてください。」

「………」

それじゃ生きられないという選択はいつも私を苦しめる。理念と現実が協調しないことのほうが多い。

しかしこれは私だけの現象ではなく、年配の女性芸人さんでも、「結婚したい!」

と叫びながら、この人、絶対結婚しないんだろうなあと、うかがわせる人は結構いる。これはタレントに限らない。

織田元子は『フェミニズム批評』で女性作家についてこう書く。

女性作家はたとえフィクションのなかであっても、本心をさらけ出すとはかぎらない。(中略)彼女たちには、絶対破ってはいけないタブーがあった。男を批判してはいけないというタブーである。これをやると、作家生命はなくなると見てよい。

「結婚したい!」と叫べば叫ぶほど、私の自己分裂が進む。しかし織田元子の洞察は一筋の光明を与える。「それでも彼女たちは書いた。この事実こそが重要なのだ」と。

そう。ならば、私も働こう。「結婚したい」と叫びながら、一人で働き続けよう。私たちはそれぞれ知と言説が一致しない現実を生きている。そしてそのことをも上野はすでに指摘している。

ジェンダーが社会的構築物であるということを理解することは、それから逃れることが容易だということを意味しない。(「差異の政治学」)

「知」がもたらす自己矛盾は「問い」をあふれさす。

それらの問いへの解を探し求め続ける日々は何をもたらすのだろう。

私と学生たちの間には結婚観の違いはあれ、「知」がもたらす自己矛盾と、それでも抑えきれずに湧き出る「問い」という共通体験があった。

引用：上野千鶴子『発情装置』筑摩書房、一九九八年
「差異の政治学」岩波講座・現代社会学11『ジェンダーの社会学』、岩波書店、一九九五年
織田元子『フェミニズム批評』勁草書房、一九八七年
田島正樹「フェミニズム政治のメタクリティーク」江原由美子編『性、暴力、ネーション』勁草書房、一九九八年

2

温厚な女性教授の「労働家畜論」

「不払い労働の理論」が次の年のテーマだった。

これは「なんで、女が料理つくるの?」に答える理論だ。まってました、と思った。

これらの、日常に根ざす些細な疑問がバラエティトークショウの基盤をなすことは多い。この十年、男女を扱うトークのテーマには変化がないようにみえる。楽しく愉快なトークショウの底に、実はけた違いの社会問題が潜伏している。

前年度の「ナショナリズムとジェンダー」では国民国家を問い直すことで、現在の自分の姿が見えてきた。

私ってなに? は国家や文化や戦争、性を疑問視することから、再構築される。

「オリジナルは情報の真空地帯には発生しない」（上野「〈わたし〉のメタ社会学」）

今まで自覚できなかった自分に初めて出会い、何度、「こんにちは」と言ったことか。

知識は、頭痛の自覚症状に対処の方法もなく、もてあまし気味の頭に、「ほら、ここ、凝ってない？」とツボを教えてくれる。少しずつ柔軟性を取り戻した頭は、今まで見えなかったものを見せてくれる。自分の姿も含めて。

それが、「ナショナリズムとジェンダー」が教えてくれたものだった。

そして、今度は「不払い労働の理論」。

いったい、なにが見えてくるのだろう。そのためには、今度はどんな山を乗りこえねばならないんだろう。

初日。最初の文献はマルクスの『資本論』だった。

「この教室のなかでマルクスを読んだことのある人。」

教室に入りきらず、立ち見がでている学生たちに上野教授が聞く。

微動だにしない空気が、誰一人手を挙げる学生がいないことを伝える。「え？」という戸惑いは共通のようだ。そして、私はその分厚い文献を手に心のなかで、大爆笑した。人は混乱の域を超えると大爆笑する。

マルクスの資本論だ！　経済学だ！

初年度、読めない漢字が羅列している難解さに苦悩した文献の数々。次は経済。なんで、社会学に経済学なの？　百年以上も前の理論が「なんで私がお料理つくるの？」に、どう、つながるのか。上野は書く。

マルクスの経済学もまた、「経済学批判」として出発している。経済を扱えば、その倒錯を問うことで、経済学批判に行きつくほかない。（『家父長制と資本制』）

「批判」に、なかなかなじめなかったこの一年。あの研究者のあの論文のあの章の三行目を批判するのとはワケが違う。経済学。「ケーザイガク」が今度の相手だ。ちょっと、相手が大きすぎるのでは、という懸念も、

フェミニズムの挑戦は、生産優位の「経済」概念そのものと、それを疑わない「経済学」に向けられている。（同前）

という上野の明言にたちまち消しとぶ。なにがなんでも次は経済、というわけだ。そして経済学が、わざわざ外から批判されなければならないほど自省がないのは、

「経済学者の閉鎖的な科学主義と操作主義、そして知的な怠慢のせい」(同前)

と、行くぞ行くぞのエンジン全開だ。

「あいつ悪い奴だから、一緒に喧嘩しよう!」

としか私には聞こえない上野のプログラムに、ひるまないといえば嘘になる。

そこに、「よっしゃ!!」とばかりに登場した女性がいた。

大沢真理教授だ。同じ東京大学で経済学の専門家だ。

どういうこと? と思うも束の間、その日から、大沢教授は上野ゼミに参加することとなった。社会学の中でも、ジェンダーの大家と、経済学の専門家の両巨頭のおでまし。

マルクスだけでも硬直するのに、狭い教室に二人の教授が教壇に立つ。小心者なら、走って逃げたい構図だろうが、学びたい者にとってはこれほど恵まれた環境はない。

大沢教授は上野教授と正反対のタイプに見えた。上野教授は学問を語るとき鋭利な刃物のようになる。それに比べ、大沢教授は暖かい布団のようなイメージだった。表情に、物腰に、声に表れる温厚さ。そのなかにある「よっしゃ!」はイメージからは測り難い。

一度、大沢教授に聞いたことがある。

「ふだん、家にいるときどんなテレビ見ます？」

「見ない。」

「じゃ、どんな音楽聞きます？」

「聞かない。」

「なにしてます?! 家で。」

「本読んでるか、台所にいる。」

「シーンとした中で？」

「そうよ。」

シーンと食べてシーンと勉強する。この感動的なまでの学者スタイルシンプルライフ！ やっぱ、ここまで学問が好きな人間が学者になる。

私はここに来て、あらゆる同時進行をこなすうちに、意外な力が身についた自分を発見した。

家ではラジオで野球中継を聞きながら、テレビをつけ、物を食べながら、ワープロ打ちながら、引用文献を読み、机の下では足で犬の相手を、すべて同時進行でする、という荒技ができるようになった！

とにかく、時間がない。仕事上つきあいも多く、勉強時間の他にも、残された時間でマニキュアぬったり、まつげパーマかけたり、髪の毛染めたり。

美容院でゆったりというのは、素人さんのすることだった。

私に限らずすべて自分でするタレント仲間は多かった。なぜか？　時間の割にやることが多すぎる。子育て真っ最中のタレント仲間は、テレビ局のメイク室で、子供に御飯をやりながら、化粧しながら、台本読みながら、ペディキュアぬりながら、インタビューのゲラのチェック、をすべて三十分でする。その間、しゃべり続けながら！

私は子供はいないが、勉強時間の確保の分、条件は似ていた。そのバタバタとにぎやかな一人暮らしに比べ、プロの学者の生活は修行僧のように静かだ。

「じゃ、教授の知ってる唯一の芸能人は？」

「あなた、ということになるね。」

と、ニコニコ笑う。

「いつから経済学に興味を持つようになったんですか？」

「子供の頃からよ。」

という、経済学の専門家になるべくしてなった大沢教授の文献が扱われることになった。

その文献を読むなり、私の大沢観は一八〇度変容した。まず、最初に私の目に飛び込んだ言葉は、「労働家畜」だった！

両性の平等を謳う日本国憲法のもとで愛によって自発的に婚姻をむすんでいるはずの現代日本の妻たちが、「労働家畜」であるなどとは考えたくない。それにしてもこの平等夫婦のあいだで、妻は育児、介護を含む家事労働の九〇％以上を担いながら長時間の「パート」就労で家計を助け、「働きすぎ」のはずの夫よりもなお短い自由時間、睡眠時間しかもたない、という統計的な現実をどう解釈したらいいのか。

（「家事労働は搾取されているのかに答えて」）

大沢のこの問いの背景に、膨大なデータの裏付けがあるのは想像するに難くない。実際、この一年は、漢字ではなくデータの海におぼれそうになった。どうやら経済学では、理論にデータはつきものらしい。

大沢がこの問いに答えるべく理論展開していくなかで、その解として選んだ言葉に、私はまた、ドキッとする。

「身分」だ！
「妻」とはそうした「身分」だからという以外に答えようがあるとは思えない。（同前）

身分という言葉は、古代ローマのライオンと奴隷の闘いが見世物になっていた時代を彷彿させる。この現代において、「身分」をだす勇気。

その身分の背景に「夫による妻の能力の搾取」を大沢はあげる。この、「労働」と「搾取」の概念。ここに、経済学とマルクスの資本論と、フェミニズムが合体する地平がある。そして、ここで、鋭利な刃物と、暖かい布団も合体する。そう。大沢教授は上野教授と「正反対」ではなかった。あえていうなら「ブルータスお前もか」。

経済学が「オイコスの学（オイコノミア）」からエコノミーに変容した時に、「経済」概念は、「生産」から「生活」を追い出した。（『家父長制と資本制』）

と上野は経済学を批判する。

オイコノミアは、生きる営み、生み育てる、という意味が語源で、家政学とも言われる。経済学の語源をたぐると家政学なんて、変化するにもほどがある。

その、まさしく、日々、生きる営みを繰り返し、生み育てる女が、「労働の概念からみれば」、「二流の劣等人間」になり、「子供は未・半人間」で、「老人は不用人間」である（同前）と上野は表現する。結果、経済イコール金という理解をする、私のような人間が誕生する。

経済学が内包する問題は大きそうだ。

「愛はイデオロギーや。」

というと、

「お前はノイローゼか。」

と言われる。

それほどイデオロギー概念は、短時間での説得に悪戦苦闘する。言葉や理論も説得の道具だが、そこにデータも加わると、また違う展開もあるやもしれぬ。

「こんな武器もあるよー。」

という、上機嫌で無邪気な上野教授の声が脳裏に響き、ニコニコと笑顔のバズーカ砲が登場。そんな「不払い労働の理論」の幕開けだった。

教室の窓からまだ肌寒い風が、校舎のまわりに植えられた木々の隙間をぬって春の匂いを運んでいた。

引用：上野千鶴子「〈わたし〉のメタ社会学」岩波講座・現代社会学1『現代社会の社会学』岩波書店、一九九七年
『家父長制と資本制』岩波書店、一九九〇年
大沢真理「家事労働は搾取されているのかに答えて」『社会科学研究』第45巻第3号、東京大学社会科学研究所紀要、一九九三年十二月

無邪気な平等主義者に潜むもの

私は講義が好きだ。理由は簡単。楽だからだ。

以前、上野教授は自分のゼミを指してこう表現した。

「私は、勝手な主義、思想で燃え上がるゼミは容赦なく叱る。かといって、叱られることを恐れて発言しないのも許さない。文献の示唆するものをはずすことなく、個々の発言で、意味ある展開をし、何かを発見するところまでもっていく。つまり、私の気に入るゼミにならなきゃ、私は機嫌が悪くなる。学生もそのことをよく知っていて、戦々恐々とゼミをしているのよ。」

まさしく、その通りだった。なんで、こんなにドキドキしながら勉強しなきゃいけないんだ？とはいつも思っていたが、それは自分の無知が強迫観念を生むのだとばかり思っていた。しかし、それは誤解であることを、講義を受けて知ることになった。

自分が発言しなきゃいけないプレッシャーがあるのと、ただ、聞けばいい状況とは雲泥の差だった。講義のときはアメなめて、足まで組む余裕があった。ゼミは小人数だが、講義は大教室で行われた。男女半々の比率に、日頃見慣れない学生も観察することができた。

ある日、教授がある男子学生のコメントを発表した。

「ぼくは男女平等主義なので結婚しても女性にも生活費は出してもらいます。ただ、ちょっぴりぼくの方が多く出します。なぜなら、ぼくは紳士だから。」

たいへん無邪気な独身男性の声だった。

「今日は、このコメントを中心に授業を進めていきます。」

教室がどよめいた。なぜなら、その日のテーマは「フェミニスト経済学の挑戦、労働概念の構築」だった。マルクス主義フェミニズムから、不払い労働の理論を探るにあたって、なんでこんなちゃらちゃらした理想の結婚を語るボクちゃんのコメントが使用されるのか？

だいたい、「経済学」と「ぼくは紳士」が、いったいどこでつながるのか見当もつかなかった。

まず、教授はその男性を指した。その瞬間から、彼のあだ名は「紳士君」になった。紳士君は好青年だった。少なくとも私にはそう見えた。

東大の、特に男子学生は大学紛争の時代のまま止まってるんじゃないかと思わせるようなファッションの学生が多かった。少なくとも私にはそう見えた。

東大の帰り、青山学院大学の前を通ると、これでも同じ学生かと目がクラクラするほどファッションに開きがある。そんななかで紳士君はさりげなくモード系だった。

突然の指名に動揺を隠せないまま紳士君は言った。

「ぼくのコメント、授業の邪魔してませんか？」

ますます、気に入った。この心配り。

しかし、私は経験で知っている。男性がフツーの好青年であればあるほど、どっぷりと、フツーの常識やフツーの固定観念に縛られていることを。そして、そのフツー概念がどれほど私を生きにくくしてきたかを。

そういう意味では「フツー」は最も避けたい男選びだ。

せめて、紳士君が床まで髪の毛をのばしているような変な奴だったらと願ったが、その好青年ぶりに落胆した。

「なんでちょっと多く生活費だすの？」

「文句言われたくないからです。」

ほらみろ。なにが平等主義だ。世の中、家に帰ってぎゃーぎゃー言われたくなくって、だんまり決め込んでるオヤジだらけだ。文句言われたくなきゃ全額払え！

心でつっこみながら、教授の男料理が楽しみだった。

紳士君は続けて言った。

「やっぱり今の世の中まだまだ男女賃金格差がある以上、そのぶん男性が負担するのは当然だと思う。」

オレは男女平等だといわんばかりの鼻息の荒さだ。フツーの女なら、なんか気持ち悪さを感じつつも、ここで、生活費を差しだしてしまうだろう。

上野千鶴子は違った。

「じゃ、負担率を7対3にしたとしましょう。ただしそれは労働の市場価格です。不払い労働、つまり、家事負担率はどれくらいにする？」

「ぼくの方が負担してるぶん、家事はラクしたい。」

ほら、出た。これだ。この発想の延長に「誰が食わしてやってると思ってんだ！

アン？」が誕生する。時間の問題だ。

「じゃ、労働は価格なの？　労働の強度はかえりみないの？」

そうだ。労働を何で評価するか。どの労働が家に帰って一番大きな顔をして、「疲れた」が言えるのか？　働くことがエライのではなく、働くことの何がエライのか、ここはしっかり押さえておかなきゃならん。

「大学教授は拘束時間に比べ価格はたいへん高い。小学校の先生は時間拘束は圧倒的に長いのに価格は低い。これが夫婦だった場合、どっちの労働が上位なの？」

さすがに紳士君は返事ができなかった。判断がつきかねたのか、「金稼いでるほうじゃ！」とは好青年の理性が押し殺させたのか。

労働の強度と労働の価格に相関関係はない。となると、労働を容易に判断することは危険だ。

払わなくてもいいお金を払い、礼を言ってもらわなきゃいけない相手に詫びを入れるという、わけのわからないことになりかねない。

市場化されることとされないこととの差はなにか？　それが誰にどう影響されるのか？

それらの認識なしに労働は語れない。「オトーサンは働いてるから偉いのよ」と子供に尊敬させる母親のやみくもさもまた、共犯だ。デートひとつ、共同生活ひとつとってもそこにお金が介在する以上、「なんか損な気がする」感覚がたびたび互いの間を吹き抜けることは否めない。

その気持ち悪さを払拭するためにも、経済の大きな地図を知り、自分の場所を知り、その地図はいったい誰が作ったのかを知ることは大きなヒントになる。

上野教授は大詰め、紳士君に詰問した。

「家庭内の賃金格差が男女の権力格差にならないと言い切れる？」

紳士君は黙った。平等主義者を名乗った勢いに比べると、その肩を落としたさまは、好青年は今の時代の好青年たるがゆえに、そこに内在する差別観を不本意にも露呈させられてしまったかに見えた。

御愁傷様です。そして上野教授、けっこうなお手前でした。

それにしても、どこにでもいる無邪気で善意の隠れ差別主義者ほど扱いにくい者はない。彼らと戦おうと思ったら、彼らに自覚がないぶん、マルクス主義の労働概念から勉強しとかなきゃ説得できないんだと思うと、固定概念のたちの悪さを思い知り、ぞっとした。

そのときだ、「あのー」と手を挙げた学生がいた。

「ぼく、平等主義者なんですけど。」

またか、と思った。ま、この講義を選ぶ限り、社会差別に敏感な感性の持ち主であることは否めない。ただ、どうやら問題はその「純粋さ」にあると見た。

「いつも思うんですけど、彼女とホテル行くときいつもホテル代ぼくが払うんです。これ、やっぱ、ワリカンが平等じゃないかなと。」

女子学生がブーイングした。飛んで火にいる、とはこのことだ。次の餌食《えじき》の登場に私はおかしくってしかたがなかった。

この無邪気さを相手にするには、今度は市場における性の商品化理論を持ち出す必要があった。市場化されていないだけのことで、森永卓郎の『悪女と紳士の経済学』によると、セックスは一回四万円だそうだ。

なにをかいわんや、である。納得しないのは男子学生だった。

「えー！　女は自分の価格を意識しながらセックスしてるのか！」

その純粋な傷つき方に、笑うのを必死でこらえた。あふれる性産業で女に価格がつけられ、男はそれを消費しながら性に純粋さを願う。これぞ、性の二重基準だ。はまったり！

だいたい、性労働に破格な価格がつけられたり、他の労働に不当なまでの賃金格差があったり、ましてやそれらの価格そのものが自己責任によらないものであるならば、自分の価格を意識するなというほうが無理である。セックスの価格を意識する女を怒って責める前になぜ、セックスに価格があるのか、その背景に怒るべきなのだ。

四の五の言わず、男なら生活費もホテル代もとっとと払え！　と思ってしまったこの私。やっぱ、ジェンダーバイアスを内包している。私も彼らを責められない。フェミニズム経済学は経済を道具として、いかに人が物事を一側面だけでわかったような気になっているかを突きつける。

ひとつの出来事は多面体で、にもかかわらずなぜ一面しか見えてこないのか。物事が多面体であることを知るだけでなく、その一面しか見せなくしているトリックそのものを見破らねば、わかったことにならないのではないか。

ヒントは、そのトリックを使うことでいったい誰が得をしているか、である。

タレント仲間の友人から電話があった。

「くやしい、番組で反論できなかった。」

「なに言われたの？」

「女も男みたいに一〇〇メートル十秒切れるようになったら、男と対等に物を言え。」

また、ひとつですべてを判断する構図だ。これにはいったいどの理論が有効なのだろう。

引用：森永卓郎『悪女と紳士の経済学』講談社、一九九四年

ゼミにおばーちゃん現る

おばーちゃんがいた。

いや、もっと正確に表現しよう。ばーちゃんがいた。

なにをどう見たってその人は「ばーちゃん」だった。

白髪、曲がった腰、土色の皮膚のたるみ、目はぼんやりとどこを見るともなく、装いの洒落っけのなさが、生活の煩忙を物語っているように見えるそのさまは、まさしくよくいる近所のばーちゃんだった。

教室に入る者は皆、彼女をチラッと見て席に着いた。

彼女の目立ちかたは逆に、いかにこのクラスに、目つきの鋭い人間が集まっているかを物語る。

ときどき一般に開放されるゼミがある。ばーちゃんはきっとどこかで情報をつかんでやってきたに違いない。

その日の内容は「NEW YORK アバンギャルドにおける女性の discourse としての映像表現について」だった。

タイトルだけでも理解するのに四苦八苦の私に、やっぱりやってきたのは司会の役だった。前の席に移動すると、出席者の顔触れがよく見渡せる。

外国人、年配女性、年配男性、それぞれの強烈な個性の放ち方に、個々の社会での戦いっぷりが想像できる。一筋縄ではいきそうにない人間たちだ。その間をちらほらと、幼く見える目つきの学生たちが埋めている。

発表者が発表している間も、ばーちゃんの視線は宙を漂っていた。何を見るともなく漂う視線を追っかけてみたが、その目標を見つけることは最後までできなかった。ばーちゃんは何者か？　が気になって気になって、悶々としつつゼミを進行した。

個性が拮抗するなか、ひときわ異彩を放つ上野教授が授業を締めた。

「今日は珍しいお客様が大勢いらしてますので、最後に自己紹介をして終わりましょう。」

わくわくした。何者かがこれでわかる。

髪が爆発したように大きくセットされている女性はドイツから来た研究者だった。エキゾチックな風貌の外国人はメキシコから来た学生。モデルのような女性も、ドイツから来た地理学と自衛隊を研究する学者。次はいよいよあのばーちゃんだ！

彼女はゆっくり立ち上がり、少ししゃがれた声で話し始めた。

「私は五十八歳で離婚し、今、六十一歳になる元主婦です。もっと早くフェミニズムと出会っていたら人生を棒にふらずにすんだのにという思いで今日は参加しました。」

息を呑んだ。ばーちゃんは、いや、その女性はまだ六十一歳だった。いまどきの六十代とは思えない老け方だった。

人生を棒にふったと言わせるほどの結婚生活とはどういうものだったのだろう。否、苦労をすると、人はここまで老けるのかと驚愕した。白髪に鬼気迫るものがあった。

「人生を棒にふった」と言ってのける先人たちの例は、私のまわりにけっこう見受けられる。なにを隠そうこの私だって、人生を棒にふりかねない危機感を感じ、急ブレーキをかけ、Uターンした組だ。

そもそも「人生を棒にふる」とはどういうことか？　自分の人生における充足感のなさや、楽しめなかったことなのか？

ダラ・コスタは、「女の場合は、結婚によって彼女の一生涯にわたっての労働力を売ろうと決めるのは女自身である」（『愛の労働』）と言っている。その結婚が不幸なものだった場合、他の誰でもない自分でその生き方を選んでしまった悔恨こそ「人生を棒にふった」という表現へと駆り立てる。

ダラ・コスタは「女は生存という基本的（最低限の）必要に駆り立てられて働くのである」とも述べている（同前）。

結婚生活において提供した労働力の結果、本来、私財のひとつも得て当然なのに、ただ、生きた。人生ひとつぶん働いた結果、自分の手元に残る物は何一つなかった。

これこそが、「棒にふる」という言葉を吐かせる理由だと推測する。

不幸だったけど、少なくとも財産は得た。次の人生はこれを糧に、というならば、「棒にふった」という言葉は出ないのではないか。

あまりにフツーの、どこの町内にもいるおばーちゃんがそこにいたから目立った。そして、フェミニズムの根幹をなす動機は、そのフツーの中にいともたやすく発見できる。

私たちは学んできた。なぜ、主婦が家事をするのか？ なぜ家事労働が無償なのか？ なのになぜ、「仕事だろ！」と夫から言われるのか？ なぜ、家庭内で暴力が存在するのか？ なぜ、その結婚が不幸な結婚だった場合、それでも女性は離婚しないのか？ そして、なぜ、それらの疑問を押し殺すほうがよしとされるのか？

上野教授は続けた。「このあと御客様と夕食を共にします。同席したい人は予約するので言ってください。あとは遙さんお願い。」

今度は幹事になった。

「参加する方は挙手願います！」私は叫んだ。

知的好奇心旺盛な学生は大勢いた。皆、迷いながらも、挙手は増える一方だった。

「あと、十秒で締め切りです！」

予定より十人以上増え、店の予約が心配だった。しぶる店に携帯電話で泣きつき、なんとか受け入れてもらえることになった。

やれやれと教室にもどると、さっきの女性が待っていた。

「あの、私も行きたいんだけど。」

もう、あと一人だって入らない店の状態で、なんで、さっき手を挙げなかったのと思いつつ、「どうぞ、一人くらいなんとかなるでしょう」と答えた。

ままよ、という気分だった。女性はまだ、しゃべった。

「私、何も、飲まないし、何も、食べない。」

はあ？という思いだった。女性は経済的な理由で会費を払えない、それでも行きたいと訴えているのか、体調が悪いのか、そういう主義を理解してくれと言ってるのか、はたまた歯が悪くって、私に食べられる物はあるかと私に聞いているのか、一瞬のうちに数々の理由が頭をよぎったが、聞くのもためらわれた。なにより、私は忙しかった。

「大勢が行きますから、一人くらい食べなくてもわからないでしょう。会費はけっこうです。」

ちょっと変だけど、どうにでもなれという感じだった。

店に行くと、案の定、席が足らなかった。おまけに外は雨だった。

あれだけ頼んでおいたのにと思いながら、

「先生と御客様は中に入って席に着いて下さい。学生は外で、ちょっと待って。」

と叫びながら、席を準備するのを手伝った。大人数を収容するには、一人一席ではなく、ベンチ席に詰め込むしかなかった。

なんとかおそまつながらも全員席に着くことができ、私を含む学生グループは店の外のメニュー見本台をテーブルがわりにして、雨をしのぎながら溜息をついた。

そして思い出した。ばーちゃんがいない。

「あれ？　おばーちゃんは？」

いわずもがな、「おばーちゃんって誰のこと？」という質問もなく、「そんな言い方だめでしょ」というおとがめもなく、全員がその女性を探した。そして叫び声。

「あんなところにいる！」学生の声だった。

「あちゃーっ!!」と、私は両手を頭にやった。

女性は学者たちのテーブルにいた。それも一番上座にあたる、もっとも奥の席。そのテーブルはほとんどが外国人だった。そして、悪いことに席はベンチで、つまり、一度座ったら途中で席を立てない場所に、女性は陣取っていた。

「あのテーブル、何語でしゃべってる？」

「もちろん英語よ。」

「なにしゃべってんの？」

「もちろん専門分野よ。」

「えぇー！　ばーちゃんどうすんのよ！」

私は自分の母親を思い出した。

ふだん家を出ないもんだから、社会にでると、いきなり意表をつく行動にでる。それが他人に迷惑にならないように、娘の私はとにかく母の一挙手一投足に目が離せない。そして、どっと疲れる。

以前、私が舞台に立った時、母親に観に来てもらったことがある。他のタレントも親を招いており、終演後、その親御さんたちはきちんとした装いで、日頃子供が世話になっている関係者に楽屋で御挨拶にまわっていた。

私は自分の親を探した。

そして見つけた。

私の母親は、劇場ロビーにいた。そこで、他の客と争って、髪をふりみだし、ロビーの花を奪い合いしていた。

呼ぶと、目をつり上げ、息のあがった母が、わしづかみにした花を私につきだし、自慢げにいった。

「こんだけ、取った！」

娘を観に来てくださったお客様と、母は、頭を下げないで、戦った。

「帰ろ」とだけ私は言い、母の肩を抱いた。

今、どれほど豊かでも、花を買えなかった時代が、目の前のタダの花を競わせる。

それが、娘の舞台であることや、そこに関係者、先輩がいることなど、判断の枠外だった。

父もその例外ではない。

番組が主催するパーティに、独身の私はプロデューサーから親を招くように言われた。それぞれのタレントの身内にマイクがまわり、一様に皆、感謝の礼を述べた。

父の番が来た。彼は開口一番、言った。

「ワシは、港みなとに、女がおる！」

……父は船乗りではない。

たしかに地方に出向く仕事だったが、父は娘の礼ではなく自分の女自慢をした。

なぜそうなのか私にはわからなかった。後日、父がテレビに出演する羽目になったとき、それはもっと端的な形で現れた。

父は大声で言った。

「チンポ」と。

晩年、父の介護を体験したとき、父に男性としてささやかながらコンプレックスがあったことを私は知った。他人にはささやかでも、本人がコンプレックスなら、コンプレックスだ。長い人生の苦悩が、数々の浮気や、女自慢を呼んでいた。

彼は最後まで、コンプレックスから、自由になれなかった。

人は晩年になればなるほど、その極端な言動にその人の人生を背負う。歳月は人生の苦悩を軟化せず、硬化させて際だたせる。その常軌を逸した言動に、人生の過酷さを集約させる。私たちは、そうならざるを得なかった人生に思いを馳せるしかないのである。

街でとんでもないお年寄りを見かけるたびに思う。なにが、そうさせたのだろうと。

店員が私に訝《いぶか》しげな顔をして近づいてきた。

「あの、あそこのおばーちゃん何も飲まないし、食べないんですけど。」

やっぱり、と思ったが、「それでいいんです。ほっといてあげて下さい」と返事した。「料金も一人分減らしてね」とも付け加えた。

外から、ガラス越しに女性の顔をみると、さっきのゼミと同じ、やはり、どこを見るともなくただ、ぼんやりと、じっと座っていた。

変な食事会だったろう。同席している中の一人がまったくなにも飲まない食べない。そして、しゃべらない。さぞかし、皆、不思議な居心地の時を過ごしただろう。

彼女はそれを感じているのだろうか？

でも、彼女がそれでいいというなら、話は別だが。

どこに誰と座ろうと食べなかろうと自由だ。そして、彼女は最後までいた。

表現力。

状況判断。

現状認識。

自分の母親が社会に出たとき引き起こすパニックは、それらすべての欠如が原因だと私は認識している。棒にふらなきゃいけなかった人生がその人を、自己防衛として、自分の人生を味わうことから遠ざけるのは、想像に難くない。自由な表現を許されない立場。判断するには残酷すぎる状況。正視できない現状。それらは、表現力、状況判断、現状認識という能力を容易に奪うだろう。

彼女のぼんやりとした視線から、逆に彼女の壮絶だったろう人生へ思いを馳せた。少なくとも、人生の再出発を決め込んだ女性である。そしてここまでやって来た。

宴会が終わった後、雨の闇に一人で消える、まるい後ろ姿をじっと見送った。

引用：G・F・ダラ・コスタ『愛の労働』(1978)「第一章　女は家内奴隷か、それとも労働者か？」伊田久美子訳、インパクト出版会、一九九一年

ジェンダーバランス

最近、自分自身で気づいたこと。議論がめっぽううまくなった。言葉が以前より、自由に使えるようになった気がする。そんなある日、私と意見の対立する先輩芸人さんと番組が一緒になった。

「女は男に尽くして死ね！」

と、彼はいう。その日も、いつものように番組内で議論していたら、急にその先輩が私に言った。

「おまえ、いつもと言いようが違う。さてはバックに大きいコレがついたな！」

と、親指を立てた。

おそらく、いつもならすぐパニックになる私と違う部分を、その先輩は感じてくだったのかもしれない。しかし、もしそうなら、それは大学で教わったからにすぎないことなのに、その日以来、私はバックに大物の男がいるタレントと、人から言われるようになってしまった。

それは恋人なのかスポンサーなのかと人に聞かれる。そんな放送を見ていた、これまた大物タレントが、格闘する私を不憫に思ってくださったのか、後日、私に声をかけてくれた。

「芸能界では、ぼくがあなたを守ります。」

私に、ほんものの、大物がついてくれることになった！　正直な感想をいうと、うれしかった。

どれほどジェンダー論を学んでも、自分の中のジェンダーバイアスは消えることはなかった。自分より背が高く、がっしりしていて、男らしい男性に、それも、私よりもずっとポジションが上の男性に、「守ります」と言われると、どうしようもない喜びを抑えきれない。

「ぼく、守る人、わたし守られる人」に、待ったをかけたのがジェンダー論なのに、それが幻想であることも暴かれているというのに、うれしいんだからしかたがない。

これが、ジェンダーバランス。私の心の中の〈女らしさ〉である。

わたしはその日から、ことあるごとに、

「わたしのバックには大物タレントの○○さんがついてます!」

と、言うようになった。

皆、一様に「オオッ!」と驚いてくれるので、効果はてきめんだった。ジェンダー論を学ぶことと、ジェンダーから解放されることとは別の話だ。

同じゼミの学生がいう。

「どうしても、マッチョを好きになっちゃうのよねー。」

ジェンダーは内面にも、外面にもその影をおとす。フェミニストだからといって、ユニセックスファッションかというと、そうじゃない。どこがどれほどジェンダー化しているか、その地図がジェンダーバランスだ。

学生のフェミニズム分析で、その主張の過激さから「武闘派フェミニスト」に分類された研究者がコロキアムにくることになった。

一筋縄ではいかないような面構えの女性がそろうなか、どの女性がその「武闘派」なのか、私はワクワクしながら教室を見渡した。まさかアーミーファッションとまでいかなくても、なにか、どっか「武闘派」的なものを探した。

やがて、「彼女が武闘派です」と紹介され立ちあがった女性を見て、ぶっとんだ。

セミロングの楚々とした髪にはウエーブがかかり、パステルカラーのブラウスに膝丈スカートは白。あくまで爽やか系の好感度一〇〇のおねーさまだった。

「ウッソー！」と心の中で叫び、目をこすりながら見た。

が、直後、武闘派はその姿をあらわにした。

声である。

発声に一切の媚びがなく、その強さといい勢いといい、腹式呼吸で発声する、すべてフォルテシモの口調は、誰がなんといおうと「武闘派」だった！

彼女は発声が「武闘派」だ。発声法もジェンダーバランスの範疇なんだ、と発見した。

その武闘派と話し込んでいた学生にその内容を聞くと、

「あなたはなぜ人と話す時、笑顔をつくるのか？　って指摘されちゃった。」

と、反省顔。さすが言うことが「武闘派」だ！

しかし、待てよ、じゃ、なんでパステルカラーなんだ？　なんで、セミロングへアなんだ？　そこまで言うなら、やっぱ、迷彩色のシャツに刈り上げだろうが。

なんで、筋肉鍛えないんだ！　なんで香水なんだ？　汗だろう！　やっぱ。

『GIジェーン』のデミ・ムーアみたいなのが、「武闘派」の正攻法だろう。でも、パステルなんだからしかたがない。それが、ジェンダーバランスだ。

もうひとつ例をあげてみる。

いつもマニッシュなパンツスーツで登場する女子学生がいる。髪はオールバックショート、一切の化粧をせず、股を思いっきり広げて座る姿に、その潔さに涙がでる。しかし、さりげなくハンカチを人に差し出したり、「ねえねえ、どこ行くの？お茶しようよお」とスリスリする姿はクラス一、女らしい。

彼女のジェンダーバランスは、外面と行動様式に極端に分離表出する。

ジェンダーバランスに一定の規則はない。外面と内面のあらゆる部分に個別に表出する。その分類は外面をとっても、髪型、下着、服、靴、爪、化粧の是非、匂いなど、細かく分別され、そのあり方には、あらゆる組み合わせが可能であり、もちろん独立して表れることも可能だ。

内面では嗜好、思考、気配り、発想、視点。

動きでは、行動、表情、話し方、リアクション、そして、発声。

自分はどの部位がどういうジェンダーバランスで構築された生き物であるか確認していくと、その矛盾だらけの組み合わせに驚く。ジェンダーバランスは表出する部分だけではなく、時間割合、強度、そして、任意の有無（本人がそれを選択的にやっているかどうか）などに多元的に分類できる。任意の場合、計算、嗜好、戦術、知恵、などにまた分類される。

私は任意で女っぽい。私が「守ります」に弱いのは嗜好だ。私がボディにフィットしたスリップドレスを着るのは戦術だ。私がにこやかに微笑みながらしゃべるのは知恵だ。

ただし、それらは仕事場という時間帯に限られ、時間軸でバランスが変化する。私の気の強さは男度8で、気配りのよさは女度10である、というふうに。

そしてそれらすべてのチェックに際して、男らしさ女らしさという既存の分類項が羅針盤になることはいうまでもない。

それらのチェックでわかることは、ジェンダーの中間というのが、見えにくいこと。

部分が各々に独立してジェンダー化されており、その総体として人間ができあがる。そのできあがり方の、無作為で基準も法則もなく混沌としていてバランスの悪いことといったら、組み合わせも強度も任意度もバラバラである。それらは同時に、ジェンダーは確認できても、ジェンダーからの解放はあるのか、という問いへ導く。ロングヘアが解放されると刈り上げになるわけではない。従順が解放されると喧嘩っぱやくなるわけでもない。まして、その中間なんて、より困難を極める判断だ。となると、自分はジェンダー化された人間であることをあっさり認めるしかないという現実に到達する。となると、思いっきり〈女らしい〉フェミニストがいたっていいことになる。

私の知りうる限り、上野千鶴子はジェンダーバランスの針が、もっとも両極に振りきれて共存する構成体であろう。

少女と悪魔の両側面がそうである。ミニスカートで、キャピッとぶりっこをするかと思えば、左手をズボンのポケットにつっこみ、右手で髪をかきあげながら、軽く眉間に皺をよせ、物思いの表情で、少し猫背にして歩く後ろ姿は、男前度一〇〇である。荒れ狂うと誰にも止められない反面、カワイイもの系が大好きというさまは少女度一〇〇。あくまで勝手な判断だが。

そこに任意があるのかないのか、あるとしたらどういう種類の任意なのかはわからない。

私たちはジェンダーから自由じゃない。みな、なんらかのジェンダーを背負って生きている。それを知覚するのは、疑うことなく、迷うことのないジェンダーにブレーキをかける作用だ。それは強制されたジェンダーではなく、選ばれたジェンダーへの変換だ。

潜在的なものを顕在化する作業は、発見の驚きとともに、謙虚をもたらす。ジェンダーでできた自分を謙虚にみつめ、そこからなにを取捨選択していくかで自分のまなざしを問う。

「疑う」という発想が社会科学の命題ならば、まず、自分のジェンダーを疑うことで自分を科学していきたい。

私のバックには大物がいる。おそらく、今後も、もし、仕事で少しでも今までと違う自分を表現できたら、人はまた言うかもしれない。

「あいつはバックに大物の男がついている」と。

この表現はジェンダーバイアスがそうさせるのであって、その直観はまんざら間違いではない。私になにか変化が起きたら、それは私だけの力じゃない。それは私のバックについている大物のせいだ。そのおかげで、自己変革への可能性がみえたのだから。

その表現をジェンダーバイアスなしで正確に表現するとこうなる。

「私のバックには上野千鶴子がついている。」

学問という格闘技

「学会で大阪いくの。」

同じゼミを受けている学生がコーヒーをすすりながら言った。

私たちはいつもこうやってゼミの休憩を、赤門前のコーヒー飲み放題の喫茶店で過ごした。季節がよくなると、東大敷地内の三四郎池でのんびりすることもあった。そこは卒業生の夏目漱石の作品にちなんで名付けられた広大な池で、何カ所も石が突き出し、ベンチもあった。日差しが当たる巨大な石に寝ころび、頭に太陽を当てている学生を見ながら、私は一人の時はそこのベンチで勉強した。

学生食堂はあまり利用しなかった。体育館ほどもある巨大な地下食堂は、声が響いて、落ちつけなかった。

「なんで遙さん、ここおんのー！」

という関西からの学生もいたりした。

不思議なことに、大学周辺の飲食店は、学生をなにかしら応援しているのを感じる。私たちがよく利用する喫茶店のママは、まず、誰が来ても歌ってるような声で「どこの学部？」と聞き、「社会学」と答えると、「そーお」と満足げにコーヒーをただでおかわりしてくれた。

「久しぶりよ、大阪に学会で行くの。」

私にはその学生が言う「ガッカイデオオサカイクノ」の持つ意味がわからなかった。そもそも、学会って何だ？　なんで、大阪でするのか？　皆、東京の学生なのに。

学会ってあっちこっちでやってて、どこの何に出るのも自由なのか、なにか、厳しいルールがあるのか。で、それやって、何になるのか。やるのではなく、見るのか？　作るのか？　楽しみなのか、辛いのか？

上野ゼミを受け始めて、私の頭はいつもこんな状態だった。飛び交う言葉にいちいち、百ほど質問が浮かぶ。それを全部質問してられないから、必要最小限のひとつだけ選んで聞くことにする。その時、一瞬頭がキンと疼く。

「みんな、学会で、何すんの？」

「私たち発表すんの。」

「そう。がんばってね。」

「うん。」

三杯目のコーヒーをグイッと飲み干した。

午後五時頃になると、とたんに睡魔がやってくる。前日文献を読み、睡眠不足で朝からゼミを続け、集中力も体力も限界を迎える頃が五時だ。浴びるようにコーヒーを飲み、まだその上に生協で「眠れないコーヒー」という、カフェインどっぷりの缶コーヒーを買い求め、教室に向かう。夜八時頃になると、もう皆の顔は疲労でどんよりと黒ずみ始める。そうなると今度は逆に朝まででも続けられそうな気になってくる。ランナーズハイという言葉があるが、ベンキョーハイとでもいうのか。ランチ休憩とは違い、夕方は口数少なく次のゼミへとぞろぞろ歩く。

そして数日後、

「学会どうだった？」

「さんざんだった。」

「どういう意味？」
「失敗したってこと。」
　まだ五時だというのにすでに黒ずんだ疲労をにじま
会に行くと言っていたもう一人の姿が今日はみえなかっ
「あれ？　○○ちゃんは？」
「倒れた。」
「倒れた？　風邪？」
「違う、学会やったせいで倒れた。」
　いったいなんなんだ、学会って？　倒れなきゃいけないほどの発表
い何を発表したんだ？　抑えきれない疑問で頭がズキンズキンする。
「あなたは何を発表したの？」
「女性兵士。」
　戦争はその年の大きなテーマだった。湾岸戦争で女性兵士が登場した以上、も
や戦争は「女子供を守る」ために男が戦うという動機に矛盾をはらんでくる。じゃ、
戦争してまで守らなきゃならないものってなんだ？　となる。
　上野千鶴子は「女性兵士の構築」（前出『性、暴力、ネーション』所収）という論

文で、この問題に対する態度が、フェミニズムとは何かという試金石になると語る。

女性兵士の問題は現れるべくしてあらわれた。国際政治の現場のなかで、この問は女性と男性、右派と左派をともに巻き込んで判断を迫られている。この問に対する解答は、「国家とは何か」「軍隊とは」「兵士とは」という問いに根源的に答えることになるだろう。

私も講演会などで、人前で発表する機会はある。ただし、その時のテーマは「
性の生き方」的なものが多い。会場は主婦、ご年配の方々が主だ。多少緊張
が、倒れたことは一度もない。

「会場は一般の方々が聞きにくるの？」

「学者や研究者。その時は防衛庁関係者がいた。」

「なんで、防衛庁が来るの！」

「防衛大学にこれだけ女性が増えてくると、女性兵士が日本
問題になるのが時間の問題だから、興味があったんじゃない？」

と、もう別にどーでもいいけど、という感じでコ
に運ぶ。

彼女のゼミ発表はいつもクラスの中でも圧巻だ
と その周到なまでのデータ収

集、妥協を許さない統計のタフさにしばしば教室から溜め息が洩れる。その上、彼女は、ルックスの柔和さ、声の甘さとは比較にならないくらい、発言は辛辣だった。そのギャップに、これが同じ生き物のなかで共存できるのかと感動すら覚える。彼女は私のことを「はるかにゃーん」と呼ぶ。そんなキャラだ。おそらく、硬派の防衛庁関係者はその甘い声のささやきに最初酔いしれ、やがて、戸惑い、そしてむかついたことだろう。それを思うだけでおかしかった。

「いつ失敗したと感じたの？」

「会場から質問が出たんだよ。」

「どんな？」

「で、あなたはどうしてほしいの？　って。」

「失礼な奴やな、発表きいててわからんのか。」

「違うの。その人、見るからにかなり高齢の学者さんで、まるで、おじーちゃんがダダをこねる孫をあやすように優しく言うの。どーしてほしーの、って。ドーシテホシーノ、だよ！　はるかにゃん！　これ言われた段階で、私の発表は、ただのわがままにしか聞こえない！」

語る彼女の目もとのクマから、憤懣やるかたない思いが伝わる。

「で、どう言ったの？」

「自衛隊はなくなるべきです。」

「それ、防衛庁の人の前で言ったの？」

「そーだよ。」

彼女は吐き捨てるように言い、窓の外を眺めた。私は爆笑した。私は、講演会場の主婦の方々のまえで「あなた方は消えてなくなるべきです」などと言う勇気はない。

「面白い発表じゃない！」

彼女は視線を窓からゆっくりもどし遠くを見るような目で私を見つめ、言った。

「正当な評価を学会でうけなきゃステップアップできないの。笑いをとってもだめなの。」

上野教授が初日に私に言った、「ここは学問のプロを育てるところよ」という言葉がよぎる。

となると、大学というところはコーチつき自己鍛錬の場で、学会はオーディションか。そこで認められた才能ある者が徐々に認知され、数々の論文発表のたびに他者を圧し、上りつめた者だけが押しも押されもせぬ「社会学者」となる。その過程で賞金も賞品もない。認知と評価あるのみだ。

上野千鶴子もそうやって、学会で圧倒的に勝ち抜いてきたんだ。と思いを馳せた。三割バッターくらいじゃ、だめ。四番ホームランバッター、三冠王くらいじゃなきゃ、今の地位に上り詰められないんだ、と、妙に感動した。

上野自身も「〈わたし〉のメタ社会学」でこう書いている。

研究者はこの「言説の権力闘争」に否応なしにすでに加担している。その「権力闘争」のなかでどこに位置するか？　それこそが問われている。

学会が言説の格闘技場であるのなら、そりゃ、力つき果て倒れることもあるだろう。ようやく私にも「ガッカイイクノ」の意味がわかりかけた。

しかし、自分が選んだ研究テーマがそれだけの人生の時間とパワーに耐えうるだけの深さ、広さ、強さ、新鮮さ、のあるものかどうか、なんの保証もない。あっさり敗北するテーマを選択する可能性もある。となると、学者にとって研究テーマ選びは人生を決定づけかねないものとなる。

そして、学問の最先端の場所にいる以上、あらゆる研究の先は闇だ。暗中模索で、なにを摑むか、そのよりどころは「直観」しかない。そのあてどなさに唖然とする。

すべてにわたって自由、そして保証なし、すべてを放棄することも含めて。「問題意識」となると、その「あてどなさ」に人をつなぎ止めるものは何か？

だけで、そこまで人生かけられるものか？

上野は書く。


社会学は解かれなければならない問いに満ちみちている（中略）問いの数だけ答えがある。裏返して言えば、答えたいほどの問いのない人は研究者であることをやめた方がいい。（同前）

私は問いに答えを探し続けるあてどない人生を選択した学生たちに頭が下がる。なぜか。そのあてどなさは、他人事ではないからだ。

あてどない努力という行為そのものに関して言えば、タレントも似ている。タレントとて何の保証もないところで生きている。

たとえば仕事上、よく招かれる食事会。ドレスアップして伺うが、私たちの鞄にはスウェットスーツが入っている。酒は飲まない。カロリーの高い御馳走を楽しんだあとは、ジョギングが待っている。その頃には、もう時計は夜十二時をまわっている。一時間のジョギングのあとサウナに入り、それから、朝まで勉強する。

それが、私や私の仲間のタレント生活だ。日々、身体のラインを整えておけば、高価なボディスーツの世話にならずにすむ。

たまに、衣装室で五十代の女性タレントと一緒に服を着替えさせていただくことがあるが、その身体の鍛え上げ方に驚いたことがあった。その方は私たちより、ジーパンが似合った。タレントとして当然の日課を過ごしているだけだった。

そんな私たちに心ない声が聞く。

「それやったら、売れんの？」

それやっても売れない。でも、やらなければ、もっと売れない。それだけのことだ。

ほんの少しの可能性でもやってやって、でも、なんの保証もない。その日々の不安、迷い、憤りは、かなりの精神力の持ち主か楽天家じゃなきゃ抱えきれるものではない。それは三十代の女性タレントが突然、青年実業家と電撃結婚する構図に読みとれる。

そうした記事を見るたび、切なく思う。

「疲れたんだな。」

芸能界の成功はビッグマネーで裏打ちされるが、学者の成功にはいったい何がついてくるのだろう？

問題意識に解をだし、スッキリすることか？　それだけか？

それで、あそこまで努力できるものなのか？

あてどない努力にタレントと似たものを感じながらも、その到達報酬のまったく違う「学問」を選択することに、頭が下がる。それほどまでに答えたい問いに満ちた人に頭が下がる。

じゃ、答えたい問いに満ちて、お金もほしいタレントは、いったいなにを生むのだろう？

引用：上野千鶴子「女性兵士の構築」江原由美子編『性、暴力、ネーション』勁草書房、一九九八年
「〈わたし〉のメタ社会学」岩波講座・現代社会学1『現代社会の社会学』岩波書店、一九九七年

私なりのスランプが物語ること

ひとつのことを没頭して続けてやっていると、ふと我に返ることがある。

あれ？　今、私、なにやってるんだっけ？　集中すればするほど、目的意識を見失う。二年目に入り、毎日、文献を読むということが日常化されたとき、私はその状況にスッポリはまった。

ある日、喫茶店で、学生に聞いた。

「ねえ、教えてくれる？　今、私、なに勉強してんの？」

学生たちは笑い転げた。これがギャグなら最高にうけている。

「冗談じゃないのよ。まじで、私が習ってるのは何？」

真剣な眼差しにようやく彼女たちは笑いを消し、相談にのってくれた。

「フェミニズム社会学よ。」

「もっと詳しく言って。」

「だから、人文社会科学の比較的新しい分野。ジェンダー論とも言われる。」

「そう。私がやってんのはそれなのね。もうひとつ質問していい？　これだけ、たくさんの文献を読んで、いったいどうなんの？　なんなの？　この文献？　なんのためにこれほどの本を読むの？　読んだから、どうなんの？　何？　いったい？」

ようやく私のパニックを理解してくれたみたいだ。一人の学生が明解に答えてくれた。

「オリジナリティは情報の真空地帯には発生しない！」

これは上野教授の言葉だ。その学生の明るさに私の肩の力がゆるむ。

「あのね、遙さん、オリジナルは自分一人では存在し得ないの。少しでも多くの情報を知ることで、その違いで自分らしさが誕生するの。そこでしか、自分は存在し得ないの。だからいっぱい読むの。」

少しずつ気分が落ちついてきた。私と彼女たちは勉強の目的が違う。そのことを、ともすると忘れがちになる。

私は学者ではない。学問で新しい発見をし、人や、国や、未来に影響を与えようとも思わない。私は私だけがよければいいタレントだ。ただ、私だけのことが私だけのことに終わらない立場にいる。それだって、無視を決め込むことだってできる。ただ、無視するにも努力がいる。私のところに来る、一般の方々の手紙。講演会のときの会場の声。番組の視聴者。私の耳に、目にはいる以上、私は無名ながらに自分の仕事がもってしまっている力を思い知らされる。

なぜ、ファッションメーカーが服をタレントに提供してくれるか。私が着た服に問い合わせがあり、その服が売れた。私はスタイリストさんの持ってきてくれた服を着ただけだ。でも、それが、影響だ。私が意図しなくても、確かにそこにある影響力だ。織田元子は語る。

人間が抱く欲望というのは、(中略) 個人の自我の核心のようなところから湧いてくるのではない。(中略) 欲望には模倣性があること、それどころか、模倣的欲望以外の欲望などは幻想にすぎない (『フェミニズム批評』)

流行とマスコミと模倣は切り離せない。私がテレビでしゃべったことで、ある団体からクレームがくること自体、影響力の側面だ。その延長線上に「あこがれの生き方の模倣」がある。そこを理解したうえで、でも私は私のためだけに生きている。仕事をしていくうえでオリジナリティは必須条件。オリジナルの構築という意味でだけ、私と学生たちは共通している。

ある日、上野教授が言った。

「知性と教養という言葉があるわね。よくセットで人は使う。」

「はい。」

「でも、知性があっても教養のない人もいる。そして、教養があっても知性のない人もいる。」

なにが言いたいのかわからなかった。キョトンとした私に教授はゆっくり言った。

彼女は大事なことはいつもゆっくり言う。

「でも、知性も教養も両方あるにこしたことはない。勉強しなさい。」

人は何のために勉強するか？　努力せず、怠惰に、物事を考えないで生きていられたらどんなに楽だろう。

上野教授の言葉は親心を思わせた。遊びにいく私に父はよく言ったものだ。

「金もったか？」

「いらん。」

「お金はないより、持ってるにこしたことはない。無理して使わなくていい、助けてくれることがある。持っていきなさい。」

学問もしかり。無理して使わなくていい。持ってるにこしたことはない。

だから、勉強する。

ただ、今回私がはまってしまったような、勉強にストップがかかる状況は常にいたるところにころがっている。

「ねえ、教えてほしいんだけど。」

私にとって学生は、困った時のいのちの電話だ。

「なーにー。」

賢さと頼りなさは平気で共存する。

「あのさあ、どうしても勉強する気がしない時ってない？」

「あるよー。」

「そんなとき、どうすんの？」

「勉強しなーい。」

「でも、しないわけにはいかないのよ。でもする気が起きないのよ、どーしても！」

私は来月までに上野教授に提出したいレポートがあった。何日経ってもやる気の起こらない自分に苛立っていた。

「上野先生の怒った顔でも想像すればー。」

学生はあくまで能天気だった。

「それ、ちょっぴり恐い。でも、やる気とは別なんだ。」

勉強に関することなら、勉強のプロに聞くに限る。学生は診療をするように私に質問し、やがて結果がでた。

「遥さん、恋してない?」

大当たりだった。笑っちゃうが、その通り。なんだ、そんなことだったのか。

「恋は勉強の邪魔だよー。」

「じゃ、あなたは恋した時、勉強とどう両立したの?」

「デートしたいから、チャッチャと勉強はすませた。」

「でも、今は、チャッチャとはすまないじゃん。一生勉強の道を選んだんだから。」

「そう。だから、私も困ってるんだよねー。」

なんとも中学生のような相談ごとになった。

しかし、またひとつ勉強に集中できない原因がわかって、ようやく勉強にとりかかることができた。

勉強はその目的意識を忘れやすい。忘れると、とたんに迷路にはまりこむ。本を読むだけでなく、常に、自分への問い直しが必要で、それをしなきゃいとも簡単に挫折しかねないこともわかった。だって、もともと、別にしなくてもいいんだもの。いつだって、できない理由はころがっている。

上野は社会科学の知をこう語る。

人は訓練によって「情報」の量を増やすことができる。ひとつは自明性の領域を懐疑と自己批判によって削減することによって。もうひとつは異質性の領域に対して自己の受容性を拡大することによって。（「〈わたし〉のメタ社会学」）

ここでもまた、自己の問い直しが知のその後を大きく左右することがうかがえる。勉強する以前も、している真っ最中も、目を自分自身にむける訓練をつづけることで、私らしさというオリジナリティを確立したい。

引用：織田元子『フェミニズム批評』勁草書房、一九八七年
上野千鶴子「〈わたし〉のメタ社会学」岩波講座・現代社会学1『現代社会の社会学』岩波書店、一九九七年

フェミニズムって何だ?

ところで、フェミニズムって何だ?

「解はまだありません」だの、「いろいろなフェミニズムがあります」だの、女権拡張だの女性解放だの、リブと同じだの違うだの。全部含めて、やっぱりたどりつくのが「まだ、解はありません」。どう考えても、私がこの学問にもっとも苦しんだのは、ここだと思う。

だいたい、なぜ、フェミニズムは社会学のみならず、経済学とか、歴史学とか、言語学とか、あらゆる学問領域をその範疇とするのか。スタートはどこで、中心は何で、どこを目的とし、何を帰結と認証するのか。どれも、何も、答えは一つじゃない。

自分の中の「違和感」という現実認識を基点に、社会を見渡し「猜疑心」を膨らませ、自分のまわりにばらまかれた数々のフェミニズム理論の中から、では、何を道標とし選択するかは、「直感」でしかない。すべての過程に存在するのは「感性」でしかない。感じない人には何も、どれも必要としない。基点すら存在しない。感じない人にはフェミニズムは、ない。

とすると、フェミニズムは「感じる人のための」学問となる。ここが、フェミニズム理論が多岐にわたる一つの理由ではないかと思う。

人の感性は一つに絞れない。直感と学問がつながっているのならば、その多様さは自明の理だ。感性の数だけ、フェミニズムがある。私という感性体が選択したフェミニズムが、上野千鶴子だった。

では、私の選んだフェミニズムは他のフェミニズムと何がどう違うのか。それは漠然とした地図からではなく、一つの論争からうかがえる。

上野自身が『フェミニズムとは何か』についての論者の立場の試金石」という問題とは、「女性兵士問題」である（「女性兵士の構築」）。なぜ、これが「試金石」かというと、これほど立場が分かれる論旨もないからだ。

「女性も戦える。」

「最前線で戦える。」
「いや、後方部隊だ。」
「戦う以外の貢献があるはず。」
「戦争反対。」etc. ……。

これ、全部、フェミニズム。笑っちゃうが、そのすべてにそれぞれ、その裏づけとなる理論がある、それがフェミニズム。たいがいの人はここで、挫折する。

困った時は、焦点を絞ってみるに限る。女性兵士問題とはなにか？

江原由美子はこう定義する。

軍事組織において女性に男性と全く対等な処遇を行うかどうかをめぐる問題（「ジェンダーの視点から見た近代国民国家と暴力」『性・暴力・ネーション』）

つまり、軍隊内男女平等の問題。なんでそれが大事なことなの？　というと、「市民権」という「市民としての資格」の法的権利としての形式化に関わる問題（同前）

だから。一言でいうと、女性と市民権の問題。

そりゃ必要だよ、市民権。という人は、はい、ここでストップ。「市民権」に、ん？　と感じる人は次へ進みましょう。

上野はいう。

市民的諸権利とは何なのか、それは誰が誰に向かって要求するものなのか、を問わなければならない。（「女性兵士の構築」）

この「市民権」。これがくせ者なのだ。清廉潔白にも響くこの言葉の裏に正義という知的ワナがしかけられている。ワナは、はまった人がいて初めてワナだったと確認できる。それが、平塚らいてう、市川房枝らだった。彼女たちがやったことは、

女性が「市民」となることを重視し、議会制度を中心にしてジェンダー化された「公」的領域へ参入し、その改革を意図した。（舘かおる「女性の参政権とジェンダー」）

そう、市民権。彼女たちは市民権がほしかった。具体的には、男女機会均等と母性保護要求。

これらを鈴木裕子という学者は一言でいった。「女権」と「母性」（『女性史を拓く

2 翼賛と抵抗』)。そのために彼女たちは戦争の怒濤の時代、思いっきりがんばった。

けっこうなことじゃないかと思う人はここまで。

なんか危険だと感じる人はもっと焦点を絞ってのぞいてみましょう。

平塚らいてうの評論集や著作集をみると、ゾッとする表現が散在する。

「元始、女性は太陽だった」

「子供というものは、国家のもの」

「母の仕事は国家的な仕事」

「女の自然の本能が国策と一致」

など、女を母性に集約していく強迫的な言葉が女性を戦争に総動員していった。市川房枝も自伝をみると、似た表現が目につく。

「家庭は国の礎」

「婦人は家族のともしび」

そう謳いあげながら、政治の男女不平等を解消すべく女性のリーダーシップをとって戦争に協力していった。今、ゾッとする言葉が、当時は躍動感をもって女性を生き生きと動かした。国家は戦争動員のため、市民権をエサに、母というイデオロギーを、臨機応変に縦横無尽に、柔軟に強硬に、利用した。

これは、現在、「よき母」であるために、ただひたすらじっと家にいることを良しとされたり、あるいは家事育児の合間をぬって低賃金のパートに走り回ることが良しとされたり、その時によって異なる「母」の像にあわせてくるくると変わる女性の姿といったいなにが違うのか？「母」はなんとでも利用できる。

石月静恵はいう。

「家庭」＝「夫と子供のために」は、運動の論理としても使われ、運動から退く論理としても使われている。（『戦間期の女性運動』）

そして、「母」は「人殺し」にも使用され、一国の女性の「市民権」は他国の女性を「性奴隷」にするためにも機能した。今もなお、「母」はあらゆる形で、女性を陰に陽に固定観念へと縛りつける。

皮肉なものだ。「母だから、市民権を！」とかっぽう着を着て叫んだ時代から、「母だから、去れ！」と仕事場から閉め出される時代へ。

もし、平塚や市川らが生きていたら、自分たちの主張が、やがて将来、「母」という思想をジレンマとして確立させ、固定させたことをどう思うだろう。

しかし、忘れちゃいけない。平塚や、市川は、よかれと思ってがんばったのだ。当時、男性主体の市民概念に突入するには、「母性」「女性性」という武器しかなかったのだ。時代を越え、その同じ武器が女性自身を迎え撃つ。彼女たちは「市民」というワナにはまった。

市川はいう。

「私はあの時代のああいう状況の下において国民の一人である以上、当然とはいわないまでも恥とは思わないというんですが、間違っているでしょうかね。」(「歴史評論」編集部編『近代日本女性史への証言』)

生命が尽きてもなお気づくことのない観念。これがワナなのだ。だからワナなのだ。

歴史は語る。目前の「よかれ」には慎重になれと。

そして私たちは学ばねばならない。それを仕組んだのは誰か?と。

「そんなの知らない。毎日楽しけりゃ、それでけっこう」という人はここまで。

とことんスッキリしたい人は進みましょう。

「市民」の背景に「国民国家」がある。どうも、この「国民国家」というものが匂うのだ。これが匂わない人はこれを崇め、匂う人間にとってはこれほど怪しいものはない。これも、感性。

上野は論文で、国家と「取り引き」するなと警告する。

軍隊内男女平等イデオロギーに隠れて、フェミニズムと国家とのあいだに行われようとしている新たな「取り引き」を、フェミニズムは拒否しなければならない。（「女性兵士の構築」）

ここに対立の芽がきざす。

「国民国家」が、現に国民ないし市民に「自己統治の一つの手段」を提供しているということは無視しえないのであるから、（中略）それへの参加を拒むことは、「国民国家」において「良き市民となる」ことからの逃避に通じる（江原・前出）

国民国家に気をつけろ！　と、国民国家と手をつなごう！　の差だ。ところで、「良き市民」ってなんだ？　それって、良き母と良き妻となにが違うんだ？　それは、ここに「家」があるんだから、「家族」なんだから、「良き母」になれよ、という男性の聞きあきた論理と何が違うんだ？

上野のいう、

女性＝平和主義者という本質主義によらないフェミニズムと反戦の思想の構築〈同前〉

も、「なにが反戦だ。実際に、ここに暴力が存在するじゃないか」という反論に出会う。

それも上野は、「暴力が存在することと、正当化された国家暴力とは違う」と反論する。それに対し、「なにきれいごと言ってんだ、じゃ、今ここにある婦人自衛官の明白な差別をどうするんだ」という声があがる。手を汚さないで、なにが、反戦だと。

ここに、目前の「よかれ」の発想がある。

目前の差別に善処するため、目前にある国家と関係する。市川房枝も戦争大賛成じゃなかったことを忘れてはいけない。彼女はあえて、手を汚したのだ。そしてまで、目前の差別のために戦った。そしてからめとられていった。

目前の男女平等が、フェミニズムの目的か？　否、と上野はいう。フェミニズムは国民国家の「分配平等」を要求する思想ではない、と。

国家の暴力を男性が占有している時に、女性にも「分配平等」を求めることは、国

家による暴力の占有を認めることを意味する。（同前）

権力を介在しての関係は国家も男女も一緒だ。「私も働きたい」と乞う専業主婦は夫の権力を所与のものとして前提する。「働いてもいいけど、家事はしろよ」「お皿だけは洗って」の取り引きもしかり。

取り引きした段階で、権力のワナにからめとられる。上野のいう「国家と取り引きするな」の思想はここにある。

つまり、「私が働いて、なにが悪い」の発想だ。そこに「分配平等」も「取り引き」もない。なぜ、あなたのやり方に同調しなければならないのか？　という毅然とした態度があるのみである。

上野のフェミニズムは「拒否」から始まる。

J・W・スコットは『ジェンダーと歴史学』で述べる。

もしも平等の方を選べば、差異はそれとは対立するという考え方を受け入れざるをえなくなる。もしも差異を選べば、平等の達成は不可能だと認めることになる。（中略）平等を差異の対立物として捉えることによって構築されている権力関係をあばくこと、およびその結果として二分法的に構築されている政治的選択を拒否することである。

目前の選択に「よかれ」と選ぶのではなく、なぜ、あなたに選ばせる権利があるのか？　と差し出された手を突き返すところにフェミニズムの今後がかかっている。

この上野の位置に対し「フェミニズム純粋主義」（中山道子「論点としての女性と軍隊」）とか「統治からの逃避」（同前）という批判がある。「なに自分だけきれいごと言ってるの、じゃ、どうやって、国家治めるんだ？」というワケだ。

「じゃ、フェミニズムに国家理論はあるんですか？」の質問に、上野は間髪入れず答えた。

「フェミニズムに国家理論は必要でしょうか？」と。

言い切ったあと、そこにいる全員を見回す。

「ほっとけ、誰か文句あんのか？」と、私は理解した。

差し出した手をはねのけられ、「で、どうやって、生きていくんだ？」と優しく脅迫する権力に対し、「ほっとけ」は非常に正しい反応だ。目前の選択をしないことは、現実逃避でも理想主義でもない。「選択をしない」という現実主義なのだ。

「理論的困難がともなう」（中山）のではなく、「挑戦」の理論だ。

その理論は国家理論のような形をとらない。国家との取り引きを拒否した以上、理論は国家を射程にしない。幻想の共同体に働きかけるのではなく、理論はまず、まだ可視化できずにいる自分の中の、生命が尽きてもなお気づくことのないかもしれない観念に働きかける。敵は自分の中にあり、その変革なくして共同体への派及はない。未知への挑戦にアプリオリな（経験前の）理論は必要としない。

上野は言い切る。

フェミニズムの目的は近代国民国家の乗り越えにこそある。（「女性兵士の構築」）

フェミニズムはあなたのやり方への拒否から始まる。これは「純粋主義」でも「共犯嫌悪」（中山）でもない。そんな、ヤワなものではない。見据えた後の遺棄という冷酷無比な判断である。

すでにある暴力に加担することよりも、すでにあるものそのものを否定する方が、暴力的だ。相手にしない、という暴力もある。

ついでに言えば、「よき市民」の発想こそ、アポステリオリな（経験後の）理論しか必要としない、既存の枠内の保守思想にとどまる「純粋主義」で、そこには挑戦からの「逃避」や、未知の体験への「嫌悪」が見える。つまり反論がそのまま、当事者批判にはねかえる。

なぜ暴力を認めないのか、という批判を受けての上野教授の一言が忘れられない。

「上野は最も暴力的といわれた女ですよ。」

批判する輩はまだ、上野のほんとうの恐さを理解できないようだ。私が選んだフェミニズムは、最も暴力的なものだったらしい。しかし、共感を覚えこそすれ、違和感を感じないところを見ると、私の感性はかなり、暴力的なのかもしれない。

フェミニズムは多元的に実証していくしかない。一つの論争の間口から、フェミニズムの過去、現在、未来がうかがえる。

歴史学は先人たちの犯した過ちを見えるようにしてくれる。

経済学は歴史が創りあげた環境を白日のもとに浮かび上がらせる。

言語学は「元始女性は太陽であった」などの、無数の神話の虚構を暴く。

たった一つの論争に、あらゆる学問領域が複雑に執拗に絡む。

どれほど、感性を豊かにし、どれほど、知識を網羅してもしつくすことはない。一つの社会現象をどう感じ、どう認識し、どの矛盾をどう解明していくかという過程にフェミニズムは存在する。その過程は焦点を絞り続けていく道のりだ。

その焦点は外部のみならず、自己の内部にも向けられる。そのあらゆる箇所において論争がある以上、フェミニズムには厳然として、解はない。どの論旨を選ぶかで、あなたの感性が試される。

そしてその感性もまた、社会構築されたものであることを、忘れてはいけない。

引用：上野千鶴子「女性兵士の構築」江原由美子編『性、暴力、ネーション』勁草書房、一九九八年
中山道子「論点としての女性と軍隊」同右所収
江原由美子「ジェンダーの視点から見た近代国民国家と暴力」同右所収
J・W・スコット『ジェンダーと歴史学』荻野美穂訳、平凡社、一九九二年
「歴史評論」編集部編『近代日本女性史への証言』ドメス出版、一九七九年
石月静恵『戦間期の女性運動』東方出版、一九九六年
舘かおる「女性の参政権とジェンダー」ライブラリ相関社会科学2『ジェンダー』新世社、一九九四年
鈴木裕子『女性史を拓く2　翼賛と抵抗』未来社、一九八九年

学問は社会を動かす

「遙さん、違うよそれじゃあ、上野先生に叱られるよ!」

「もう遅いよ!」

いつもの赤門前の喫茶店で私たちはワーワーやっていた。焼き立てマドレーヌが売りのその喫茶店はいつも甘い香りで店内を満たしていた。その香りの中で、私は憂鬱だった。

私には講演の依頼をいただく機会がけっこうあった。すべてに共通しているのがどこかフェミニズム的なもの、というところ。それを学者・文化人のたぐいに頼まず、タレントを選択するところに、「難しそうなことを、ぜひ簡単に」という依頼人の動機の背景が見える。

そこに、もう一つ気配で感じるのは、「ぼくらも、まだ、もひとつ、わかってまへんのや……。」という困惑の背景。実際、伺ってみると、市や府の職員の方々はこぞって男性だ。彼らが責任者となって「ジェンダー」を扱う。

彼らから差し出される各市のパンフレットは「ジェンダー」オンパレードだ。その言葉の定義、必要性、未来に向けて、懇切丁寧にそのパンフは展開する。ついでに、そのジェンダーを語れるちょっとおもろいタレントでも呼んで、というのが私をとりまく環境だと把握している。

で、私が頭を悩ましているのが、私がジェンダーを語れるのか？　ということ。タレントという職業の人間が、公で発話するという行為は、本人が意識しようがしまいが、なんらかの影響力をもってしまう。

ジュディス・バトラーはいう。

言語は、わたしたちがおこなう「事柄」（わたしたちが人間であるがゆえにおこなう行動に対する名称）であり、わたしたちがもたらすもの（行為とその結果）の両方なのである。（「触発する言葉」）

問題はその「結果」だ。私はその「結果」が恐くてならない。私は人の人生に責任なんてとりたくないし、糾弾されるのもいやだ。私はアドバイスを必要としていた。

上野教授に私を預けてくださった女性も、大学で教鞭をとっておられる。私にとっての「母」的存在だ。その母に聞く。

「私にジェンダーや、フェミニズムが語れるの？」

海外生活が長い母は、フォークやナイフの使い方が私より、ずっときれいだ。六十代だというのに、キッチンにはバルサミコ酢や、エキストラバージンオイルが並び、醤油とゴマ油を探すのに苦労したことがある。チーズとワインがよく似合う母は、私の知る六十代にはない驚きをいつも提供してくれる。

その母が、ワインのグラスを止めて私をじっと見つめ、言う。

「あなた、誰にフェミニズム習ってんの？」

え？　と見つめる私に母は続けた。

「上野千鶴子よ。それも、東京大学でよ。東大で、上野千鶴子にフェミニズム習ってて、それで語れないというなら、誰も語れる人なんていない。上野千鶴子本人しか語れないことになる。自信を持ちなさい。」

「いいのかなあ？」

「いいのよ。」

母はワインを美味しそうに飲み干した。

今、私の講演依頼は地方自治体が多い。「先生」と呼ばないで、と頼むのに、「遙先生」と呼ばれ、茶髪の厚底シューズの、ケバイ女タレントが演壇で花の横でマイクを握る。

「ジェンダーとは……。」

私にとってはなにからなにまで、うそっぽい。どうしても、この虚偽的な状況になじめない。

赤門前の喫茶店でコーヒーカップを両手で囲みながら、マドレーヌを注文しようかどうしようか迷いながら、思案にくれていた。

「で？　ジェンダーとはなんだって言ったの？」

学生が聞く。

学生は他の大学の非常勤講師でもあった。これにも最初びっくりしたが、つまり、教わりながら、教えることにもたけている。そうでなくても、大概の学生のアルバイトは「カテキョー」と呼ばれる家庭教師だ。教えるのはうまい。

「だから、ジェンダーとは文化的性差よ。」

「だめよ！　そんな言い方しちゃ！　上野先生にそれ言ったら叱られるよ！」

「なんで？　本にそう書いてあったじゃん！」

「それはもう古いの！　今はもっと進んだ概念なの！」

「えー？　もう遅いよ。言っちゃったよ。五百人の前で。みんなそう思ってるよ。」

「今はね、」から始まるジェンダー概念の話はノート三枚にわたった。

正しく言うと、「肉体的差異に意味を付与する知」となるのだが、この説明に三枚の紙が必要。「専門」と「複雑」は同義であることを私はこの大学でイヤというほど教わった。

「それじゃ、お年寄りは寝ちゃうよ。」

私は途方にくれた。

「なんや、ややこしそうなことをひとつよろしゅうに。」

というのが私の顧客のニーズだ。

やっぱ、いくら聞いても、それをそのままマイクにのせるには無理があった。いま、各役所は「ジェンダー」という言葉を覚えてもらいたい、という位置に立ったところなのだ。

「へ？」という五百人に、言葉を選ぶ責任は重い。
「慎重に教えてね。あなたたちが私に教えてくれることは、そのまま、五百人単位で伝わることなんだから。十回やったら、五千人よ。五千人もの人が今、この喫茶店で私が教わる話を聞くことになるんだからね！」

なぜか、生徒である私が私の家庭教師になってくれている学生を脅す。学生の顔がちょっぴりマジになる。

ゼミが始まると、大沢真理教授の写真入り新聞記事が配られた。

大沢教授は今期だけの、資本制や経済学を扱うに不可欠な、専門家としてのボランティア参加だ。記事には年金の厚生省案に対する意見が掲載されていた。政府の男女共同参画審議会にも関係しておられる。これはどういうことか。

学問が学問の専門分野で終結していない。

ここで、日々発見され、生み出される新しい学問が政治になんらかの形で影響を及ぼす。それはやがて私たちの前に政治の制度として具現化される。政治は政治のプロが行うが、どう行うかという時に、その方針基盤は分野別専門家を必要とする。

その記事を読みながら、「そーだったんだ」と再認識した。

誰がつくったのか、セクハラ禁止、夫婦別姓、雇用機会均等法。そのおおもとに、ご意見番としての「学問」があった。(意見が通る、通らない、歪む、はおいといて。)

「五千人」で学生を脅す私が教わる教授は、「一億人」を相手にしていた。

「ちょっと、国連で」といって出かける教授は、じゃ、もう、何人かわからないが、地球上の人たちを相手に学問していることになる。

当然、それだけ大きくなると、学問の「時差」も誕生するだろう。最近のゼミで取り上げた、いま話題の文献から、驚くべき表現が飛び出した。この大学で「最近」ということは、「学問の最先端」では、という意味になる。

ジュディス・バトラーだ。バトラーによると、ジェンダーはこうなる。

実際おそらくセックスは、つねにすでにジェンダーなのだ。そしてその結果として、セックスとジェンダーの区別は、結局、区別などではないということになる。(『ジェンダー・トラブル』)

……おいおい。

私はしゃべった。「セックスとジェンダーは違う。セックスは生物学的・肉体的性差。ジェンダーは社会的・文化的性差。」

一般社会では「ジェンダー」はまだ「認知」という、言葉の誕生にすら到達しきれていない。しかし、それらを何十年もかけて「誕生」までもっていった学問の世界のまっただなかでは、すでに、もう、それが違う生き物になる可能性を匂わせている。

一方ではまだ生まれてもいないものが、一方ではもうその形を変える。じゃ、今、私のやってることはなんだ？　学問の時差は大きい。この時差が埋まるまでに人はいったい、今度は何十年という時を必要とするのだろう。そしてその時には、学問はまた、いったいどこに行っているのだろう。

引用：ジュディス・バトラー『ジェンダー・トラブル』(1990) 竹村和子訳、青土社、一九九九年
「触発する言葉」(1997)『思想』一九九八年十月号、竹村和子訳、岩波書店

汝、闘うべき時を知れ

私は上野教授が三カ国語を話すのを知っている。英語と、大学で話す日本語と、一般向けに話す日本語。え？　なにそれ？　と思わないでいただきたい。

この日本語がまた、ドイツ語とスワヒリ語ぐらい違う。教室での、

「オポチュニティ・コストで考えた場合、アンペイドワークのメジャメントは難題です。」

という言葉は一般の講演会では、

「もし、同じ時間、外で働いたらいったいどれくらいお金がもらえるか、どう計算します？」

になる。これに笑顔までつく！

これが同じ言葉かと思わせるが、同じ意味なのだ。

器用だなと思うのは、教室では日本語を喋りながら、黒板はすべて英語という時である。

「もーっ！」と思いながら、スペリングを書き写す。

私は教授の外部での講演を好んで聞きにいくようにしていた。

ただ、残念なことに、その時間が私自身の講演と重なることが多い。講演会は動員の意味からも需要の時期が似ていた。

「ジェンダーって、えーっと、」という私の講演より、私は教授の講演を聞きたい。

一度、教授に聞いたことがある。

「自分の講演と、先生の講演と、どっちをとるべきなのか。」

「お金をとりなさい。」

明快だった。仕事と勉強。仕事が大事でしょ、というワケだ。

関西にも上野ファンは大勢いた。

その日、私は友人たちをひきつれ、上野千鶴子講演会に出向いた。その日のテーマは「関西文化論」だった。

ファッショナブルに決めた教授がステージに立つ。

「文化とは権力や経済力を持たない負け犬の持つものです。」

から始まる文化論。わかりやすい言葉と笑顔をもってしても抑えきれない過激さ。のっけからかっ飛ばすエキセントリックな光景に本来なら「待ってました！」や、「ヨッ！　ウエノ！」というかけ声が入ってもいいくらいだ。歌舞伎なら、絶対、大向こうから声がかかる。

ウキウキしながら聞く私は、まわりの友人たちの反応を見た。意外と「ふーん」という表情に、「わかってんのか！」という不安がよぎる。その講演の途中、教授が私を指し、

「東大に留学中のお嬢さんがいます。遙洋子さんです。」

と、紹介してくださった。

私は真っ赤になった。会場のリアクションは、「ふーん」である。

「わかってんのか！」と思った。

私は東京大学に行っていることを人に言うのがイヤだった。

「東大いってるねん。」

「ふーん……」

なのだ。つまり、嘘っぽい、行けるわけがない、行く必然性もない、なんせタレン

トだ。それは、「実は、私、フランス人やねん」と近いものがある。

これだけ、平べったい顔をしている大阪弁のねーちゃんがそれを口走った時、おそらく、人は「なに血迷っとんねん」と思い、同じく「ふーん」と言うだろう。つまりそこには、相手にされない、という現実がある。それくらい、東大とタレントの距離は遠い。

そして、言ってみたものの気まずくなり、言わなきゃよかった、になる。で、言えないまま、三年が過ぎようとしている。ただ、少なくとも近い友人には上野千鶴子を知ってほしかった。

その日は私の親友の吉本の芸人さんと、古くからの友人たちを同行した。皆、共通点はジェンダーにどっかしら苦痛を覚える人たちだ。私としては、そんな友人たちに「神様」を紹介したようなものだ。その神様が講演後、私たちのところに来た。

「食事にいこう。」

皆、パニックになった。神様と食事だ！

神様の興味が吉本の芸人さんにあることは、すぐ察知できた。

「吉本には組合はあるの？」

「どうやって生活するの？」

「どうやって芸人になるの？」

「師匠はなにをしてくれるの？」

「師匠のいない人はどうするの？」

社会学者の、好奇心という研究衝動には驚かされる。

矢継ぎばやに続く質問は社交的会話の域を超え、恰好の研究材料を見つけ、この機会を逃してなるものかという研究者の姿だった。

タレントと東大が遠い分、東大教授にとっての「芸人」もまたしかり、である。

レストランは瞬く間に上野研究室になった。

その貪欲な姿に、また、私は感動する。

「社会科学は『経験知』である」(「〈わたし〉のメタ社会学」)という上野は、「自明性の領域」からぬけ出ることは研究者の課題だと説く。


経験を組み替えるカテゴリーの萌芽は「臨床の知」のなかに満ちみちている。(中略)それは〈わたし〉の「外から」しか訪れない。〈わたし〉にとってエイリアンなものを「聞く力」を持つこと。「当事者のカテゴリー」こそ、パラダイム革新の宝庫である。(同前)

教授にとって、「芸人」は、エイリアンなのだ！

後に、その芸人である私の友人は感想として、「足がふるえた」と言っていた。

「なんで？」

「だって、上野千鶴子やもん。」

なんとわかりやすい。その「上野千鶴子がいる」というパニックは他の友人たちをも襲った。突然、自分の生い立ちを話し始める友人。急に「臨床心理学」の話をはじめる友人。断っておくが、皆、何の研究者でもない。みっともないまでに、皆がパニックになった。

「ちょっと、みんな、やめてよ！」

と思わず割って入った。教授が皆にニコヤカに答えている姿が辛かった。

なぜ、辛いか。

専門家に専門を語らせる。この行為も、「アンペイドワーク」。不払い労働の範疇だ。


マルクス主義フェミニストの課題は、資本制下の家父長制という歴史的に固有な相における、女性の抑圧を解明することに向けられる。（『家父長制と資本制』）

と、上野が表現するそのマルクス主義フェミニストにとって、重要な概念として「不払い労働」がある。

「マルクスには労働力の再生産は、人間の自然過程と見えた」(同前)

と上野が批判する「自然過程」は自然なんかじゃなく、立派な労働だった。それも、

資本制と家父長制の利益のためにあった女性の家事労働が「不払い労働」になるまで、紆余曲折の歴史があった。アンペイドワークをテーマに一年をかける。当然、その概念は身に染み込み、敏感になる。

「不払い」の。

上野千鶴子に社会学を語らせる、という行為は、野球選手に野球を語らせるのとはワケが違う。それは野球選手に食事中、突然、バッティングをさせるのと同じだ。演歌歌手と、芸能界について会話するのではなく、「コブシ聞かせて、コブシ!」とせがむ行為になる。

社会学者は「言葉」のプロだ。だが、「こんにちは」の次にバッティングをさせることの不自然さはわかっても、「言葉」が日常の道具でもある以上、「こんにちは」の次にプロの技術を強要することに人は違和感を感じにくい。

ましてや討論は言葉の格闘技。日常会話から格闘技への枠は、有って無い。素人がプロにぶつける言葉は、素人ゆえに容易に格闘技になる。

格闘家の食事中、いきなりボディブローをかけてくる素人がいたらどうだろう。当然、不機嫌になる。私が当初、研究室で教授にしていたことがそれであった。私の質問にチラッといやな顔をして、でも、答えてくれる。私はずっと、弁当を食べてる時にボディブローを挑む素人だったのだ。

「みんな、やめて!」

と止めると同時に、皆にかつての自分の姿を見た。

神様との食事会が終わり、終始笑顔をたやさなかった教授の話がでた。

「優しそうな先生ね。」

「愛嬌がいいわね。」

「少女みたい。」

皆に、何を言っても信じてもらえなかった。たいへん厳しい教授であること。その厳しさは大学でも有名で、ある時期には厳しさのあまり、ゼミ受講者が激減ということもあったこと。

「能ある鷹は爪隠す」を地でいく教授に、「でも隠しすぎちゃうん?」と思いつつ、学問領域と、その領域を離れた時の表情の落差が不思議でならなかった。

「よーこちゃん、最近、男性と喧嘩せえへんようになったな。」

突然、友人の芸人さんから言われ、そういえば、いつになく穏やかな月日に気づく。

「ほんまや。なんでやろ。」

「答えが、わかったからと違う?」

そうかもしれない。

正確にいうと、まだ答えはわからないけれど、なぜ、人がそういう言動をするのかは膨大な文献が教えてくれる。

私は文献のもたらす問いと解のぶんだけ、人と喧嘩していたことになる。

もし、勉強する機会がなければ、私はまだ、解を求め、人に喧嘩を売っていただろう。解のヒントは今を生きる人にではなく、先人たちの血と汗のメッセージにあった。

「遙さん、もっとかわいい女になれば幸せになれるのに。」

と料理屋で男性から言われ、私は箸をくわえたままテーブルを越え、その男のネクタイごと胸ぐらをつかんだことがある。

「大きなお世話じゃ！」

私の罵声の向こうに、一人の男性が、そっと店を出ていくのが目に入った。後で、その男性が、後日、私と見合いするはずの相手で、私を見に来ていたことを知った。宝石屋のぼんだった。

「そやから喧嘩はしたらあかんのや。」

見合いを仕込んだ料理屋のご主人の嘆きようは未だに忘れられない。

「あんたのせいで、見合い流れたわ！」

私はその男のカッターシャツを破った。私の友人の芸人さんはそんな私を見てきた。

理解は平穏をもたらし、私は牙をむく時を選べるようになった。私程度で喧嘩が減少するのなら、膨大な理論を手にする教授はその膨大さゆえに、あの究極の笑顔を獲得したとは言えないか。勉強は悟りを開くのか？

とすると、能ある鷹は爪隠すのではなく、能があれば爪は隠そうと画策しなくても自然と隠れてしまうということになる。

「教授、今日、こんなだったんだ。」

と、家に帰って学生にメールをうつ。

「そんなの、みんな、知ってるよ。」と返事がくる。

能ある鷹は本当に戦わねばならない場所と時を知っている。

大学を離れたところでの上野教授の姿もまた、なにかを教えてくれる。

引用：上野千鶴子『家父長制と資本制』岩波書店、一九九〇年
「〈わたし〉のメタ社会学」岩波講座・現代社会学1『現代社会の社会学』岩波書店、一九九七年

いつかすべてが一本の線に

「あの子、キャサリン・マッキノンに会いにいったよ。」

学生は上半身ゆれながら言った。

私たちは酒を飲んでいた。

私の部屋は、驚愕の住環境に生きる学生にとって、どうやら「超快適」らしい。よく遊びにきてくれた。そして、酔っぱらった。春休みまで秒読みの夜だった。

「えーっ!!」

キャサリン・マッキノンとは文献でとりあげる学者名。春休みを待たず、その学生は学者に会いに日本を出た。

上野教授の論文にもマッキノンはたびたび登場する。もし、マッキノンをもっとよく知りたければ、もっと文献を読めばいいだけだ。なぜそこで、「会う」という発想になるのか？　だいたい、その人まだ生きてるの？

もし、それが、「マルクスに会いにいくの」だったら、私たちは力ずくでも止めただろう。

「もう、死んでる」と。

マルクスやフロイトと同列で論文を消化していくと、時間感覚が狂う。そこに研究者の肉薄する生活感が感じられないだけに、文献の学者という記号以外に想像が及ばない。

矛盾した話だ。私は上野千鶴子に「会いにきた」というのに。

「会ってどうすんの？」

「さあ？」

日本からわざわざやってきた学生に、マッキノンはどの程度、相手をしてくれるのだろうか？　思いは同じみたいで、酔っぱらった学生は真っ赤な顔を心配そうにゆがめた。首から上も揺れていた。

だいたい、なぜマッキノンなのか？　文献で扱う研究者は、ざっとでも百人は超えるのに。

その疑問はそのまま自分にも跳ね返る。

「なぜ、上野千鶴子なのか？」

文献をわからないままでも、読み続けていくと、私はある発見をした。

時々ではあるが、身体に異常を覚える。「ドーン」と音のようなものが鳴り、横隔膜あたりが熱くなり、細胞がざわめく。この体感が「感動」という症状であることに気づくまで、時間がかかった。

「感動？　そんなワケはないじゃん。ベンキョーで。」

私には思いこみがあった。勉強とは地味な努力と思考の鍛錬が永遠に続くだけの行為であると。

実際、最初はそれだけの日々だった。そのうえ、上野千鶴子恐怖症まで伴い、「病気にならねばいいが」と我が身を案じていたくらいだ。

だいたいが、私はタレント。楽してなんぼの商売で、派手好きで、男好きで、金満主義という条件をすべて満たしている。この嗜好と、勉強は相反する行動様式だ。

勉強に「感動」を確認できたとき、そのことに「感動」する自分がいた。

そして、その「感動」を企画し、構成し、演出し、提供する上野千鶴子に「感動」した。

「企画」とはその年のテーマ設定で、教授の研究テーマに負う。研究者のテーマ選択は直観というアンテナだ。「構成」とは、膨大な文献をどう選択し、プログラムするかというセンス。「演出」とは日々のゼミに飛び交う言葉を慎重に交通整理する力。それらを総動員してフィナーレを迎える冬に何を「提供」するかというと、「感動」だ。

直観、センス、力、目的、このすべてにオリジナリティの必然がある。

ここで、「なぜ、上野千鶴子なのか？」に答えが出る。

「感動を与えてくれるから」だ。

私にとって、上野千鶴子は小林一三《いちぞう》であり、浅利慶太であり、長嶋茂雄だった。

「先生、論文って、感動するんですね！」

「わかった？」

教授の顔が輝く。

「私は感動は、スポーツや、芸術にだけあるものだと思ってました。」

「違うのよ。学問にもあるのよ。それをわかってくれてよかった。」

それならと、私はその日から、論文を野球観戦のように読んだ。

退屈で、やたら長い論文でも、最後にどんな逆転サヨナラホームランが待っているかもしれない。

一イニングから、カンカン、ヒットで見せて飽きさせない文献や、意表をつくプレーに、豪快なプレーに、喧嘩ごしのプレー。それぞれに感動が待っている。

野球と同じで、最後まで気をぬけないが、だからといって、必ず感動があるとも限らない。

九イニングが一つの論文にある場合や、一年を九イニングで見る時もあった。

それがわかってからは、文献が難解であればあるほど、期待した。

「見逃さない。どこで、どんな言葉に出会えるかもしれない。」

苦痛は感動への序章。

持続は感動への期待。

集中は感動への執着。

そんななかで、出会った言葉。

「〈区別〉は〈差別〉とは別なものではなく、最も悪質な差別」(駒尺喜美・小西綾『魔女の審判』)

という言葉。研究者がこの結論に達するまでには「古事記」から、「朝日新聞」まで、膨大な量の実証があった。

その研究にむけての果てしない試みがこの言葉を誕生させ、その感動は波及効果として私の「自明性の領域」（上野千鶴子「〈わたし〉のメタ社会学」）の境界線を動かす。

すると今まで見えなかったものが、見えてくる。見せなかったものも、見えてくる。

感動が私に変化をもたらす。ひょっとして、「ドーン」という音は自身が変化するときに体内から発する音なのかもしれない。

つまり、人は感動によってでしか変われない生き物だと言えるのかもしれない。「感動」の喜びを知るほどに、この変革を独り占めしていた閉鎖的な学問領域に憮然とした感が拭《ぬぐ》えなかった。

春休みも明け、三年目のテーマは「ジェンダー分析の理論と方法」だ。後ろの席の学生がツンツンと私の背中をつく。

「ここらへんで、手、挙げといたほうがいいですよ。」

今期の論文発表者決定の日だった。できれば、逃げたい。元来の気の弱さと葛藤している私に、学生がアドバイスしてくれた。

「この論文なら、比較的簡単ですから。」

「そう？」

手をあげたときには遅かった。簡単だという論文は人にとられ、誰もひきとり手のない論文だけが、残った。

「じゃ、これ、遙さん。」

ゼミは大学院ゼミだ。ここの、大学院生ですら逃げる論文を私が担当することになってしまった。後ろの学生が小声で嘆く。

「よりによって一番難しいのを！」

振り返ると、学生の顔がひきつっていた。それを見て吐きそうになった。

でも、ロラン・バルトじゃん。聞いたことある学者だ。

カラ元気で「記号学」論文の目次を見た。

〈ラングとパロール〉

〈シニフィエとシニフィアン〉

〈デノテーションとコノテーション〉

「……！」

サブタイトルを見た。〈ヤコブソンにおけるメタフォールとメトニミー〉

「…………?」

悪寒の次は笑いがでた。身体が痙攣しそうになるのを歯をくいしばってこらえた。これをまた、ひとつひとつ、理解していくのかと思うと気が遠くなった。

でも、この感覚も初めてではない。

その感覚は、当時、今と同じ悪寒から始まった『単一民族神話の起源』を思い出させた。

日々、求めてやまない解は、思いもよらない場所に顔を出す。まさか、大日本帝国時代の政策に、私の捜し物があるとは!

当時の日本が利用した民族神話は、人と出会ったとき、逃げてはいけないこと、なにを努力すればいいのかを反面教師として物語る。

人間が生きていく以上、あるていどの類型化はやむをえない。だが、直接にむかいあいながら少しずつ類型をつくる努力を怠り、わずかな接触の衝撃にすら耐えきれずに神話の形成に逃避し、一つの物語で世界を覆いつくそうとすることは、相手を無化しようとする圧力である。この逃避こそ、あらゆる神話の起源にほかならない。

(小熊英二『単一民族神話の起源』)

神話は現代でも数多く生き残る。神話に生きることは怠惰と弱さの証明だと、歴史が言う。

私の捜し物は「〈わたし〉のメタ社会学」にもあった。プロの社会科学者としての課題に、「経験」の意味を知る。

「経験知」は経験の絶対化を意味しない。この「経験」はなぜこうであり、こうでしかないのか？　この経験が「こうでなかったかもしれない可能性」はあるだろうか？　この疑いは経験の「実定性」を疑うことはしないが、経験がとりえた他の可能性を疑ってみることはできる。そしてその構想力をわたしたちは「自由」と呼ぶ。（上野千鶴子「〈わたし〉のメタ社会学」）

構想力のない経験は「知」にならない。「自由な構想力」。これが、失敗を繰り返さない鍵だ。

どうすれば？　どうすれば手に入るのか？

それは、溜息まじりで読んだ「方法的序論―総力戦とシステム統合」にあった。

「戦争」がもたらした、各国の社会形態からの、歴史の警告だ。

個人は社会が要求する同調や参加から一歩距離をおいて、自己の責任において判断する秘密の時間、あるいは自由な空間を保持していなければならない。この秘密な時間、自由な空間は、（中略）自己自身による判断を生み出す拠点となるという点で、能動的な態度設定をもちうるための不可欠の条件なのである。（山之内靖「方法的序論―総力戦とシステム統合」）

ひとりの時間を持ちなさい。自由にものを考えなさい。決めつけず、逃げず、面倒くさがらず、人と相対しなさい。

この、しごく当然とも見える思考行動が、いかに大事でいかに困難か。

そして、それらを回避した時に、どんな悲劇が待つか。

一見、全く関係ないように見えるところから、私はそのメッセージを受け取った。実は、大勢の研究者たちが、大昔から、現代の私たちへ、ずっと問いかけていたのだ。

蓮實重彦は大学という場所を、「無数の死者たちの記憶が交差する特権的な知の空間」（『知性のために』）という。今は亡き彼らの社会学研究が映し出す人間の姿は、文献の数だけ多面体だった。読みとりによって、その多面性は縦横に複雑に交錯する。

複雑であるということを「複雑だ」というのは簡単だ。一概に言えないことを「一概に言えない」というのも簡単だ。それらは何を教えるか。

人間は愚劣なこともあれば崇高なこともある。必要なのはその両方を知ることです。（上野千鶴子『発情装置』）

じゃ、その両方を知ったところで、どう相対すればいいのか？　これだけ、複雑な「人間」という生き物と。

異なる者と共存するのに、神話は必要ない。必要なものは、少しばかりの強さと、叡知である。（小熊英二『単一民族神話の起源』）

「いつか、すべてが一本の線につながるから」と以前、上野教授は私に言った。今、述べたことはこの四年分の文献の総決算だ。そして、今年から、文献は五年目に入る。

ワケのわからない記号学の中で、研究者は何を発見し、その発見は、いままでと、どう一本化されるのだろう。

春休み明けのある日、マッキノンに会いにいった学生をつかまえて聞く。

「マッキノンに会いに行ったんだって？」

「そーよ！」

「会って何したの？」

「食事して、写真とった。」

「それだけ？」

「うん、それだけ。」


言葉は感動をもたらす。

学問は感動の宝庫だ。

ならば、スタープレーヤーを見に行くように、偉大な歌手に握手を求めるように、憧れの学者に会いにいくのも当然の行為。そして、感動の試合に友人を誘うように、感動のコンサートに恋人を連れて行くように、感動の学問を私は大勢の人と共有したい。

限りない問いの解はまだわからないけれど、それを探す道みち、突然出会う感動の揺れを一人でも多くの人と共鳴しあいたい。

なぜなら、私は、キャーキャー騒ぐのが大好きな「タレント」だから。

引用：小熊英二『単一民族神話の起源』新曜社、一九九五年
山之内靖「方法的序論―総力戦とシステム統合」山之内靖ほか編『総力戦と現代化』柏書房、一九九五年
駒尺喜美・小西綾『魔女の審判』エポナ出版、一九七九年
上野千鶴子「〈わたし〉のメタ社会学」岩波講座・現代社会学1『現代社会の社会学』岩波書店、一九九七年
『発情装置』筑摩書房、一九九八年
蓮實重彥『知性のために』岩波書店、一九九八年

フロイトとバルトとファッション雑誌

私は振り向きざまに言った。

「助けて！」

後ろの席の学生たちはキョトンとした顔で私をみつめていた。

私はゼミ発表を控えていた。文献はロラン・バルトの『零度のエクリチュール』。そのままクラシック音楽の題名に使えそうなロマンチックなタイトルだが、そこでは「構造主義の記号学」という、タイトルからは想像もつかない緻密な分析がくりひろげられていた。

発表まであとひと月、遅々として進まない作業に私はかなり苛立っていた。他のゼミ文献をこなしながらの自分の発表への準備は、予想外に時間が要った。

理由は簡単。その文献の難解さだった。難解なことには慣れてきたとはいえ、量も半端ではなかった。準備を進めるうちに、とんでもないことに手をだしてしまったという後悔に苦しんだ。ゼミ発表とは文献批判。批判しようにも、それが理解できないならばもうお手上げだ。

ただ、私は経験上、私が苦しむものは他の学生も苦しむ、ということを知っていた。

実際、日に日にゼミの参加者は一定の数に落ちついてきた。ついていけないのか、興味がないのか、あきらめたのか、恐いのか。理解できないのは私一人ではないというのが、私の心の礎だった。

だが、理解できないにも、限度があった。

だいたいが、私は大雑把な理解のプロだ。テレビの仕事でも、人の言葉は容易に曖昧に成り立っている。なんだか、ワケのわかりにくいことを、だいたいの当たりをつけて理解し、短時間でトークショウをまとめることのバリエーションが主な仕事の私にとって、「大雑把な理解」は生きるための必須条件だった。

適当に聞こえるが、大事なことなのだ。

言葉とは不確定なものだ。発するシリから消えていく。変化していく、忘れていく。

同じ人物から再度でた言葉がまったく同じとは限らない。完成された決定版言語表現なんてあり得ない。でも、言葉なしのコミュニケーションもない。

バフチンは「記号による具象化なくしては、経験もない」といいきる（『言語と文化の記号論』）。とすると、不確定を承知のうえでもそれを利用するしかない以上、大雑把な理解は不可欠になる。

そのプロのこの私が、理解できないのだ。

「助けて！」という切羽詰まった私の表情をみて、学生たちもこりゃやばいと思ってくれたのか、後ろの席の三人が頭をつきあわせてくれた。

「だから、止めたじゃないですか」と、一人が言う。

「もっと真剣に止めてほしかった！」と、私。

「でも、遙さんになっちゃったんですもんねー。」

「なにか、もっと簡単な参考文献ないかなあ。」

「あるある、あれどう？」

気がつくと教室はすっかり人が入れ替わり、教壇には違う教授が立っていた。あわてて教室を出、廊下で私たちはまだ円陣を組んでいた。

「その本どこで手に入るの？」

「どこでも売ってますよ。」

「どこでもってどこ？」

「そこらへんの本屋で。」

「そこらへんて、どこらへん？」

私は執拗だった。懲りているのである。ここの常識というものに。

ここでの「そこらへん」や、「どこでも」は、私には「探せば」や、「運がよけりゃ」と同義だった。

実際、ここで扱う本を大阪で買おうとしたとき、大手の本屋ですら手に入ることはまれだった。取り寄せで、一週間がかかり、結局、徹夜で一冊読むということに私は懲りていた。

結局、生協書籍部で購入できるということだった。

大学敷地の端にある古い石でできた建物の中は、なぜかプールの匂いがした。地下が体育部専用のプールになっている。その上が書籍部だった。その隣がまた、食堂という、つまりプールの消毒液の匂いと、食堂の匂いと、本の匂いが混じりあったなんともいえない匂いのなかに、ロラン・バルトがあった。五冊もあった。

なんの苦労もせず、ほんとに「そこらへん」にあった。その隣にフロイトやフーコーも平気で並んでいる。

『考えることを考える』とか、『見えないものを見る』という、頭が痛くなるような題名が、手に取りやすい位置に並べてあった。

こんなに難解そうな書籍が、店員を呼んで、脚立をたてて高いところの本をとるのではなく、ましてや、取り寄せるのでもなく、まさしく、「そこらへん」に並んでいることに感心した。

どう「そこらへん」かというと、フロイトからくるっと振り返るだけで、『an・an』や『With』というファッション雑誌が並んでいるからだ。

『考えることを考える』のお向かいに『究極のコンニャクダイエット』や、『皮下脂肪を取る！』が並んでいる。

ここでは学術論文とダイエット本が同じカテゴリーに分類されている。それは、私が体験した東大生の姿と同じだった。書籍部は私の知る東大生の頭脳の内部だった。

ロラン・バルトの参考文献を手に、学生に感謝しながら私は新幹線に乗った。

そのころ、私はずっと体調が悪かった。疲労感がとれず、悪寒にも近い感覚にさいなまれ、呼吸までもが苦しかった。で、勉強することは山ほどあるのに、気がつくとテレビをボーッと見ている自分に自責の日々だった。

別に病気ではない。身体は健康だ。なのに疲れる。

思わず同期のタレントにメールをうつ。

「歳かなあ？」

しんどくてもやらねばならない。別に今はじまったことじゃない。仕事だって同じことで、やらなければならないんだったらやるしかない。しんどいからってできないわけじゃない。

いつも、体調を崩すと、休める職業がうらやましくなる。タレントはその日仕事なので、入院してても休めない。何度も点滴をはずして仕事した。皆そうである。経験で体得していることは、「しんどくてもやればできる」だった。

で、やりはじめた。ところができないのだ。睡魔だった。睡眠は充分にとっているのに、やろうとすると強烈な睡魔が襲う。それがずっと続いた。

いつもは夜十二時頃から朝六時頃までが私の勉強時間だ。でも、この時は、夜九時から起きていられない！　寝ても寝ても、眠いのだ。これにはまいった。悪寒と睡魔で椅子に座っていることさえ苦痛になった。カフェインどろどろのコーヒーを作り、がぶがぶ飲んで机にむかった。

そして、私は自分の異常に気づいた。

どろどろのコーヒーを飲んだ十分後に、爆睡してしまったのだ。

もう、どうしていいかわからなかった。とにかく、机に向かっても、なにか動いていなければ寝てしまう。で、私は何かを飲み続けることにした。飲むという行為は左手を使うが、右手は空いているので本は読める。字も書ける。

あらゆる飲み物を飲み干し、もう、ハーブティしか残っていなかった。カフェインの覚醒作用とは逆の、リラクゼーション効果のあるハーブティだ。これだけダレて難儀しているのにこれ以上リラックスしてどうするのだ、と思ったが、背に腹はかえられなかった。

一口、ハーブティを口にした。

すると、変化に気づいた。ふっと身体が楽になった気がしたのだ。

「え？」

もう一口飲むと、なんとなくではあるが、睡魔がやわらいだみたいだ。

もう、ワケがわからない。カフェイン飲んで熟睡し、リラクゼーション効果で、覚醒する。

理屈なんてどうでもよかった。アロマテラピーでは、ハーブティに限らず、リラックス系は主に柑橘系だった。

もう、すがる思いで浴びるように柑橘系の香りを体中にぶっかけ、ハーブティをがぶ飲みした。

そして、はっきり自覚できた。睡魔から身体がスッと楽になったのだ。

それからの私は毎日、眠くなると柑橘系の香りを十分おきに身体にふりかけながら勉強した。後日、医師から聞いたことだが、これらは身体の防御反応なのだそうだ。過度のストレスがかかると、身体はもうこれ以上ものを考えさせなくするための防御反応として、強制的に眠らせて思考をストップさせるそうだ。そうしなければ正常な精神状態や脳神経作用に影響を及ぼしてしまう。だから、そのストレス要因さえ除去すれば睡魔から解放されると。

そりゃ、カフェイン程度では話にならない。原因がストレスならば、リラクゼーション効果が覚醒に効いたのもうなずける。

それよりもそんな神経症になるほど勉強してしまったことに驚いた。その時は気づかなかった。ただ、しんどかっただけだ。メールには学生から、応援のメッセージがたびたび入っていた。

「できた？　いっそのこと、わからないことばかりを書き並べ、これが発表文ですってやったら？」とか、「一度、私に見せてごらんよ」というものまで。

そんななか、私は一カ月がかりで発表文を書き上げた。

で、学生にチェックしてもらった。そしたら、学生から、「参考までに」と、一晩でつくった文章が送られてきた。そっちのほうが、一カ月かけてつくった私のよりもよく整理されていた。情けなかった。

できたと思ったのも束の間。また、それをもとに修正することにした。発表は明日だというのに。私につきあってくれた学生も徹夜してくれたのだ。より完成度の高いものに仕上げるのが礼儀だと思った。

書いても書いても書き上がらない。読んでも読んでも把握しきれない論文に、やがて、私は頭を抱え、声にならない声をあげ、深夜、床をころげまわった。今考えると、やっぱり尋常ではない。私の身体が強制的に私を眠らせようとしたのもうなずける。

そして、発表当日。メールをくれた学生が私に近づいてきて言った。

「なにか質問がきたら、返事しちゃだめ。質問でかえすのよ。」

「質問の意味がわかりません、って言うの。そしたら、相手は困るから。」

もう、リングに上がるまえのトレーナーの言葉だった。私に限らず、発表を迎えた学生は皆、ナーバスになるようだった。当日、体調を崩す学生もいた。

教授が心配し、私に聞いたことがある。

「あの学生が体調を崩したのは、私の恐さのせいか？」と。

すごい質問だ。

ビョーキになるくらいの恐怖というものを、ここに来て体験した学生もいるかもしれない。教授は気づかないが、その学生は声に出さず、口だけがずっと動いていた。

「コワイヨー、コワイヨー」と。

「あかんと思たら助けてや……。」

蚊の鳴くような声で学生に言い残し、私は教壇の席についた。

実際、私はボコボコにやられた。しかし、誰も助けてくれなかった。いや、誰も助けることなどできなかった。なぜなら、私をボコボコにした人とは上野千鶴子その人だからである。

「ロラン・バルトの記号学上の位置づけと功績を解説しなさい。」

教室中、息を呑むのがわかった。

そんなのできるわけなかった。一冊の論文さえわからない私に、歴史をこえた理解など論外だった。なんとか、知ってることだけを述べてみたものの、教授の溜息に、私の発表が失敗であることが私にもわかった。

現実はドラマじゃない。がんばったって、無に等しいことなんて、現実にはごろごろしてる。

よくある現実を私も体験したにすぎない。

「バルトは分析の表記方法を脱構築したと思います。」

学生が沈黙を破るように発言した。教授は言う。

「これはよくある表記で別にめずらしいことではありません。」

議論はそれで終わった。たったそれだけだった。なにからなにまで虚しかった。

議論が出ないのも、私の発表文のせいだと落ち込んだ。助け船を出せなかったことに所在なげな学生たちと、ゼミが終わり一緒に教室を出た。

昼でも暗い建物から一歩外に出ると、とたんに初夏の日差しが目に痛かった。安田講堂の時計台を背中に、私たちは青々とした並木道を歩いた。一番いい季節だけど、私はただひたすらに暗かった。

「ごめんね、助けてあげられなくて。」

学生が言った。

「いいよ。相手が上野教授じゃあ。」

「でも、なんで教授は遙さんにはあんなに厳しいのかなあ？」

「わからない。」

「教授は遙さんがなにしても怒るんだよ。でも、なにしても、なんにもしなくても怒られない学生もいるでしょ？　遙さんどっちがいい？」

「それだったら、怒られるほうがいい。」

「でしょ？」

なんだかわけのわからない慰めに、なんだかねえと思いながら、それでも学生たちの話題はゼミ内容だった。

「ところで、脱構築って言った学生がいたよね！」

「ほんとだ！　ウーヒャッヒャッヒャ！」

学生は笑い転げた。

「私の隣の子なんか、構造主義ってなんですか？　って聞くのよ！」

「ウヒョーッヒヨッヒョ！」

皆が笑った。へーっと思った。

今期は最初から構造主義で進んでいるというのに、まだわかっていない学生も交じってたんだ。博士課程がごろごろいる大学院ゼミだというのに不思議な気がした。過去、東大生におびえる私に、

「学生なんて、なーんもわかってないのよ。」

とはき捨てるように言った上野教授を思い出す。

「で、なんて返事したの？　構造主義を？」

「これ読めば、って言ってやったわよ。」

学生が自慢げに差し出したのは『はじめての構造主義』という本だった。それもあかんやろ、と思った。その本は過去にもうとっくに消化して、卒業してなきゃならない本だった。なんでまだ、持ち歩いてるんだ？

もう、混沌とした環境と混濁した頭とをもてあまし、私は帰ることにした。ゼミ発表が終わると、よく青い顔をして途中で帰る学生がいたが、そうか、こんな気分だったんだ、と、少し理解できた。

しかし、なんといっても、発表は終わった。失敗だったけど、挑戦してわかったことは自分の限界だった。蓮實重彦は言う。

知性とは、何よりもまず、知性そのものの限界をみきわめる力にほかなりません。言葉は、自分に何が語りえて何が語りえないのかというその限界に近づこうとするとき、初めてその力を発揮するものなのです。(『知性のために』)

とすれば、私が見た限界は、理解能力だった。文章を暗記するくらい読み込んでも、「理解」ができなかった。一行ならわかる。一章もなんとかわかる。でも、一冊の本や、その学者のやろうとしたことや、できなかったことがわからない。

おそらく、私の理解力は近視眼的なのだろう。

自分になにが理解できて、なにが理解できないのかというラインを私は発見したことになる。おそらく、このラインを乗りこえられるかどうかが、私が変貌できるかどうかの境目なのだろう。

勉強の限界で発見したことは、私のアホさかげんだったということになる。そもそも、アホからスタートして始めた勉強。知ったことは自分がアホだということだった。そんなこと最初からわかってる。

行き着いたところは原点だった。

「助けて！」と私が叫んだとき、たまたま私の後ろの席に居合わせた学生が、ある日私に言った。

「遙さん、私、就職がテレビ局に決まりました!」

「そう! よかったね。」

「遙さん、同じ局に出演してますよね。」

「うん、同業者になるね。」

「いえ、そうじゃなくて、ひょっとして、遙さん、テレビの仕事しながら今回の発表の準備してたんですか?」

「うん。」

そのとき、彼女は、人はこんな驚きかたをするのかとビックリするくらい叫んだ。

「ギョエウオーッ!! ウエーッ!! キョエーッ!!」

私はうれしかった。

職場で言っても相手にされず、ここの学生はテレビを見ないから私を知らず、誰からも、どれほど私が無茶なことに挑戦しているか理解されることのなかった日々。同時に、別に誰に理解される必要もない日々のなかで、突然、その私の無謀な挑戦を初めて等身大で理解してくれた人がいた。

「助けて!」と、私が振り返らなければ出会えなかった学生。それは、テレビ局を職場に選ぶほどテレビ好きな東大生だった。

なるほどね、と思った。

彼女の叫び声を耳に残しながら、私は発表を終えた自分へのご褒美として、ファッション誌を何冊も買い、数日前、頭を抱え叫びながら転がり回ったその床に大の字に寝ころび、ほとんど写真で文字のないページをめくりながら、ウキウキとお菓子をほおばった。

そして、朝まで起き続けた。

もう、ハーブティは必要じゃなかった。

引用：ミハイル・バフチン『言語と文化の記号論』(1929)「第二部第三章　言葉によるコミュニケーション」北岡誠司訳、新時代社、一九八〇年
蓮實重彥『知性のために』岩波書店、一九九八年

3

あえて東大を批判すれば……

〈遙洋子、大学で教べん〉という新聞記事をみて、私はため息をついた。

「うそっぽい……」

三年目を迎え、私は関西の大学でジェンダー論を教える機会をいただいた。私を上野教授に預けた先生が、大学でデビューしなさいというのだ。なにがうそっぽいって、その大学は昔、私が受験して落ちた大学だ。人生、なにがどうなるかわからないもんだなあ、と感心しつつ、複雑だった。

記事には〈東大で上野教授に学ぶ〉と書いてあった。

今まで、その反応の居心地の悪さに、「東大」はあまり人に言わなかった。言った瞬間にうすら寒さが吹き抜けるのである。記事になって、その思いは確信になった。

私のまわりの誰もが、触れちゃいけないことのようにその話題を避けた。記事になって、禁句になったのだ！

これっていったいなんだ？

現に、今も日々、文献に埋もれながら大学に通っているというのに。自分は何か、いけないことをしているのか？　恥ずかしいことをしているのか？

あからさまな現実に直面して、私は周囲の反応に容易にウソ臭さを感じた。それを感じれば感じるほど、私は自信をなくしていった。

私の仕事のブレーンに相談する。

結論は「隠せ」だった。得はない。反感を買う。タレントキャラクターと矛盾する……。

東京—大阪間を行き来するなか、新幹線で同じ番組に出演するタレントと出会った。

「私、今、学生なの！」と、三十代の彼女は嬉々として私に教科書を見せてくれた。高校の教科書だった。

芸能界は十代から働き始めるタレントが多く、その都合で、仕事が落ちついてから勉強を再スタートするケースがよくある。

「私も！」と、私は自分の文献の束を彼女に見せることができなかった。ホームでの立ち話に、さりげなく私はバッグの開き口を脇でしめた。まるで、コンプレックスのような感覚だった。

なんで？　なんで、コンプレックスなの？

でも、言うとまた、変な空気が私たちを妙な緊張感のなかに陥れるんだろうなあと思うと、言えなかった。そんな空気のままの東京―大阪間の三時間は長すぎて、辛すぎた。

三年目を迎え、東大は加速度を増して私の秘密になっていった。

「先生、私にとってここでの勉強はステップアップにならないかもしれない。」

私はある夜、上野教授にもらした。他に誰もいないなか、私と教授、二人きりだった。

「どういうこと？」

私は説明した。芸能界において、およそ、誰もが嫌悪をあらわに困惑し、やがてその話題を避けるようになることを。そこに評価も応援も質問もなかった。あったのは無視だけだったことを。

「笑いとばしなさい。」

と、教授は言った。

「あなたが、東大を笑いとばさないから、皆が笑えない。まわりの反応は理解できる。東大という権威が反感を呼んでいる。まず、あなたが、なにが東大だと笑いとばすことでそこを越えなきゃだめ。」

実際、教授はいつも言っていた。なにが東大だと。私が教室の隅で泣いていると、そっと近づき耳元で言った。

「東大生もバカなのよ。」と。

京大生が「東大生ってどんなん?」と聞くと、「プライドを持ちなさい!」と叱りつけていた。

しかし、それは、東大教授の立場だから笑える。

学生を理論で追いつめ、ふりまわし、叩きのめす力は容易にそれを許すだろう。

私のように、何年たっても上達しない、まわりの庇護のもとにゼミ生活を送る立場の人間には、東大を笑い飛ばすことは、日頃世話になってる教授や学生を笑うことだった。

「笑えません。」

私は言った。

「なんで笑えない？」

教授は私を見据えていた。

「そこに、絶対的な能力の格差があるのがわかるから……。」

そして、教授の目に力がはいるのがわかった。それまで低く安定していた声のトーンが一瞬、強く響いた。

「じゃ、言ってごらんなさい。あなたと東大生のいったいどこに、あなたの言う絶対的能力の格差があるのか。」

そこには、今ではもう見慣れた戦闘体勢の上野千鶴子がいた。

そして、私自身も今ではもう身についた、腹をくるという構えに入っていた。

「言ってごらんなさい。その絶対的能力の格差とやらを。」

教授はたたみかけた。

私の気持ちは泣いていた。泣くと、子供のようになってしまい、敬語が消えた。

「みんな、私の知らないことを何でも知ってる。」

「そんなの、ただの物知りじゃないの。能力なんかじゃない。他は？　あと、なにが能力の差なの？」

教授は言葉だけで私を部屋の隅に追いつめる。

「みんな、私が一いうだけで、十を理解する。そんなこと、仕事場ではない。仕事場じゃ、いつも私、イライラして怒鳴ってばかりなのに、ここだとない！」

私の気持ちはもう、泣き叫んでいた。

私の言葉をさえぎり、教授は語気を強めた。

「それは彼らが長い間、私と同じ学問をしているからかもしれないじゃないの。通じやすいというだけのことかもしれない。それだって、能力とは言い切れない。あとは？　あとは！」

一対一で、これほど強く叱咤する教授を私は初めて見た。

「私はバカなのに、私に大学の講師ができるの？　落ちた大学なのに！」

「それは大学にあなたの能力を十八歳の時点で見抜く力がなかったのよ。大学に力がなかったの、あなたに能力がないわけじゃない！」

十八歳で自分の位置を確定してしまう偏差値教育。それは能力の位置決定として内面化される。教授はけっして「十八歳の時はバカだった」とは言わなかった。

私の叫びは支離滅裂になっていった。

「なんで！　なんで先生は東大の教授になっちゃったの？　普通の大学の教授なら、私はもっと言えた！　皆のよけいな偏見をあびずに堂々と言えた！　私が先生にやっと教われるようになった時にたまたま東大だったっていうだけのことで、みんなが私を変な顔で見る！　変な顔で見る!!」

もう、泣きしゃっくりだった。

実際、東大でなければ、と何度思ったことかしれない。

東大でなければ、ここまで困難を極めることなしに、勉強できたかもしれない。東大でなければ、こんなに学生に気を遣わずにすんだかもしれない。東大でなければ、もっと仕事に反映できたかも……。東大でなければ……。

そんな私に教授は息を吐き出しながらいった。

「私が東大ではなく、どっか地方の名もない大学の先生だったら、それで、どーよ。どうなる？　私は上野という人にジェンダー論教わりましたって、それ、みんなに説明してまわって、どーよ。何になるっていうの？

東大は権威になってしまっている。これはどうしようもない。皆あなたに中途半端な権威の末端を感じるから反発する。だったら本物の権威におなりなさい。もっと出世しなさい。そしたら、もう反発はなくなる。東大という名前をもっと利用しなさい。そのためには東大を笑い飛ばせるようにあなたがならなきゃだめ。」

そして、やれやれとばかりに、でも、問いをやめなかった。

「で、他は？　どこに能力の差を感じるの？　あとは？」

私はうつむいたまましゃべった。

「先生だってそう。能力の差を感じる。一生かかったってそうなれないと思う。やっぱり、能力の差ってあるんだと思う。」

私のトーンが落ちると教授のトーンも落ちた。

「私のどこにそれを感じるの？」

私は答えた。常に痛感する、視点の多岐にわたること、発想が枠を超えたところにあること、膨大な情報の中から矛盾を見抜く力、などなど。

教授にとって忘却の彼方にある問答のほとんどを私は覚えていた。それほど感動が大きいぶん、落ち込みも大きかった。どれをとっても、指摘されなければ、一生気づくことのなかっただろう視点だった。

教授は右手で髪をかき上げ、私の話をうつむいたまま黙って聞いていた。

私は質問した。

「先生は生まれつきそうなの？」

一瞬、間が空き、直後、鼓膜に痛みが走った。

教授が、爆笑した。耳が痛いほど、大きな声で笑いながら言った。

「生まれつきこうだったら困るわよ！」

そして教授は私が能力と指すものを説明した。

壮絶なまでの議論の嵐に時を重ねたこと。その議論の卑劣さ、陰湿さ、周到さ、狡猾、欺瞞、傲慢、歪曲、偏見、etc. ……。それらに鍛えられ、そのおかげで今があると。

「実践をつんだからってこと？」

あのね、と説明を続けた。

学問は訓練であること。社会学は枠組みを疑う訓練。法学は法という枠内での訓練。それぞれの学問にそれぞれの専門的訓練があること。「疑う」という訓練を積むことで、枠を超えた発想が可能になること。

そして、と、教授はつづけた。訓練よりもっと重要なことがある、と。

直観力。

なにか、もやもやとした、物事を見えにくくさせている環境を通して、それでもそのもやもやとしたものを見すかしてその向こうにある本性のようなもの、正体のような核心のようなものを見抜く力。これが、直観力。

これがあれば、あとはそのもやもやとしたコンテクスト（環境）を可視化し、言語化していくだけ。そのために勉強があり、これを教養という。

だから、と教授は優しい笑顔を作った。

教授が笑みを浮かべる時は、残酷な言葉がまっている。

「どれほどの教養をつんでも、この直観力がなければ、一生勉強したってダメ。」

そして、と教授はあらためて私をみて言った。

「あなたにはそれがある。」

だいたい、と、教授は身を乗り出して私に聞いた。

「あなた、ここで勉強して、何年になる？」

「三年目。」

「私、何年やってる？」

「三十年。」

そして、教授は少女のような笑みを浮かべて言った。

「私のやってることが、あんたにできて、たまるか！」

私はようやく笑うことができた。余裕がもどると、敬語ももどった。

「能力の差は、あとは？」

「ありません……。」

学問をするうえでの障害をつかまえて逃がさずに格闘し、ねじ伏せるさまは、サリバン先生とヘレン・ケラーみたいだと思った。

教授は私のどうしようもない能力コンプレックスと、東大という予想外の権威がそれに拍車をかけて悪循環する構図を、もののみごとにつるし上げた。

教授は最後まで「能力に差はない」という立場を一歩も譲らなかった。

教授が私にしたことは、丁寧に、ひとつひとつ、私の中の固定観念を問いただし、思考を再構築させる作業だった。その痛みに私は泣き叫んだことになる。枠を疑い、枠を壊す作業は、疑われ、壊される側にとっては、暴力だ。しかしこの一連の行為は、数々の文献のなかにうかび上がる研究者たちの営為と同じだった。

研究者の姿勢として、

「私は中途半端は許さない。」

と上野は言う。

それは上野のみが持つ特性ではなく、文献に見る研究者たちの姿勢にも、まあまあのところで折り合いをつけるとか、避けて通るとか、後にまわす、見ないことにしておく、は、なかった。集められる限りの情報を検証し、知りうる限りの方法で論証し、ねらいを定めたものを執拗なまでに暴こうとする。暴こうとするのは勝手だが、暴かれるほうはたまったもんじゃない。となると、みごとな社会学者ほど、みごとに暴力的であるといえる。

教授は私にみごとに社会学を実践した。知の社会学ではなく、実践の社会学として訓練をつんだ者はその研究を自己へと向けることができる。その瞬間、暴力性は自己に牙をむく。

苦痛を伴わない社会学の実践はない。私は学問の使い方というものを身をもって学んだ。

私は大阪生まれなので、「使ってナンボ」の発想が身にしみついている。どんなに高価なものでも、使わなければただのゴミ。だから、いつも物を買うとき、「ほんとに使うかな？」と、何度も自分に確認する。

今回、泣きながら発見したことは、

「へー、こうやって使えるんだ」だった。

東大は学問の宝庫だ。そこで、いったい、どれほどの学問が「使われて」いるのだろうか？　使われることなく、ただ、生産されている学問があるのではないか？

それとも誰かそれを使う権利を独占しているのだろうか？

すくなくとも、それらの「知」が、一般に放出していないのはわかる。だって、私もしていないんだから。

「知」の供給なしに「知」の需要もない。

どちらが先かはわからないが、「知」がある特権的エリアに集結していることは確かなようだ。

なぜ、こうなったのだろう？　誰が何のためにこうしたのだろう？　それで、利益を得ているのは誰だろう？　使用価値のある「知」の分配。その必要とその責任をいったいどれほどの人がこの大学でわかっているのだろう。だいたい、学問を使える学生が何人いるのか？　使い方がわかっているのか？　教え方もわかっているのか？

レヴィ＝ストロースは「親族は女性を交換するためにある」といった。マルクスは「使用価値」と「交換価値」をわけた。

橋爪大三郎はいう。「価値あるものだから交換されるのではない。交換されるから価値がある」（『はじめての構造主義』）。

女性もお金も、そのもの自身は動物と紙切れにすぎない。交換システムのなかで、初めてあらゆるものが価値をもつ。

じゃ、知は？　交換されることのない知に価値はあるのか？　学問の使用価値も、交換されることなしに価値を普遍化できるのか？　この私ですら、知の必要と責任を感じてここまでやってきた。じゃ、ここの学生には、選ばれし特権的エリアで知と戯れる人間には、それらの自覚はあるのだろうか？

「知性とは、肯定へと向かう積極的な資質であります。」(『知性のために』)

と、この大学の総長・蓮實重彦（当時）はのべる。肯定へと向かう権利は選ばれた者だけしか持てないのだろうか？

「知性は、いまが変化に対して大胆であることを各自に要請している時代であることを察知しているはずなのです。」(同前)

たしかに、社会が包含する亀裂は、まさしく、「肯定」への「変化」を希求する兆しだろう。

「わたしら、フツーの主婦はアホやから。」

と、私の長年の友人が言った。

わたしら、とはどの主体を指すのか？　フツー、とはどういう概念か？　私が東大に行きはじめただけで、相手が自分をアホと言ってしまう構図に、みごとに東大という権威が、私に対する反感として機能するのを目の当たりにする。昨日までは仲間だったのに。

「私もアホやで。」としか言えなかった。

社会学をやり始めてから、言葉が違う形で私に届く。いままでなんの違和感もなく理解できたつもりの言葉が急にわからなくなる。

言葉に癒着する雑音に敏感になる。その雑音に無頓着に人は言葉を操る。雑音にこそ無数のメッセージがある。言葉は言葉を聞くのではなく、雑音を聞くことでその人の概念が見え、それを構成する環境が浮かび上がる。

「アホやから、教えてほしい。なんで主婦はこんなにしんどいのか。」

と、友人はいう。講演会が終わり、会場の質問時間に主婦が私に聞く。

「ジェンダーはわかりました。で、私が子供を預けて、ここにこうやって来ていることは、私が望んでしていることなのに、つらい。これ、なんですか？」

私に手紙が届く。「ジェンダー論を知っていても、毎日、姑は私の子を家の子だと言ってきかない。この苦痛はやりすごすしかないのですか？」

いっとくが、私はただのタレントだ。その私に、知に飢えた無数の手がのびてくる。学問をどう使用すればいいのか、求めてやまない声に私は耳をおおう。

知をどれほど語ってまわっても、使用法を伝えないかぎり、解決できない現実に私は目を背ける。「肯定」へと「積極的」に「大胆」に「変化」しようとする波に私は押しつぶされそうになる。蓮實のいうとおりである。だが、それは私の仕事か？　私だけの仕事か？

ロラン・バルトはいう。

記号らしくない記号が必要なのだ。小説や新聞を開きテレビをつけるという行為は、いかにも身近で無造作なものだが、しかしこのささやかな行為が、そのあと必要になる物語コードを、われわれのうちに一挙にもれなく備えさせる。（『物語の構造分析』）

テレビに出てしゃべるという行為自体、あるコードの補強に加担する。私たちが「一挙にもれなく備えさせ」てしまったあるコードの責任を私たちはとれるのか？

総長はそれを東大生に期待する。「社会を変化せしめる積極的な個体」たれと。しかし、実際、東大が研究者養成機関であり、その就職先が大学なら、知は特権的エリアを順繰りに回っているだけのことになる。知の特権化だ。

結婚して、家に入ってしまうなら、知の私物化だ。

社会に出ても、知の交換をしないならば、知の独占だ。

もちろん個人の生き方は自由だが、そこに知の責任ってないのだろうか？　知の追求自体が目的なのか、獲得した知をどう使うかが目的なのか。

金満主義という言葉があるが、前者を知満主義といいたい。

お金も知も、使ってはじめて値打ちがある。東大と一般にはズレではなく、溝がある。

私は東大で、知とともに高度なゼミ技術を期待した。しかし、ゼミ教室と実社会では決定的に異なる条件があった。

ゼミでは議論がある。実社会でも議論がある。決定的に違うのは、ゼミの議論は、反論を待ってくれる。論者がしゃべりだすまで、全員がじっと待ってくれる。

そこでは意見はキャッチボールであるという常識がまかりとおる。論者はその常識に身をゆだね、言葉を「選ぶ」という贅沢な時を過ごす。

実社会では誰も待ってはくれない。

芸能界に限らず、プロである限り、その背景にはお金がからむ。皆、人を傷つけてまで自分が勝たねばならない必然に生きている。そこにトークショウと会議の差はない。まして、女性には「男の沽券」というよけいな圧力もかかる。

そんな土壌でいったい誰がじっと待ってなどくれようものか。相手に反論する機会を与えず、卑怯と言われようが相手を黙らせ、なんとか自分だけが次なる仕事へとアピールしようとする。相手への配慮など、競争下にはなんの美徳にもならない。些細なことで烈火のごとく怒りだすオヤジには責めきれない理由がある。生きるためだ。オヤジはお金と自尊心のために怒る。

笑顔を絶やさず、謙遜しつつ、反論者を傷つけないように配慮しながら発言する女性を見かけるたびに思う。

「そんなことやってる場合か！」

それだけで、「はい、負け！」だ。

そこが、プロにとって、どういう場でなにが評価されるかの認識が足らない。議論が白熱したなかでの「女らしさ」ほど、邪魔なものはない。

国会で女性議員が「あんただって離婚したんだろ！」と男性議員にヤジられた。女性議員は言い返した。

「私はあんたとか、おまえとか、人さまに言われるすじあいはありません。」

これ、反論だろうか？　反論はまず、

「あんたのような間抜け面のハゲオヤジから言われるすじあいはない！」

から始まるのではないか？

議論というルールが成立しない土壌に、敬語は意味を持つのだろうか？　実社会の議論が発言権の奪い合いである以上、言葉を「選ぶ」という余裕はほとんどない。反射神経に委ねるしかない。

となると失言はつきものだ。大事なのはその失言をどう「ごまかす」か。美しく表現すると、どう「フォローする」かとなる。

失言を恐れては発言はできない。それもこれも込みの「技術」が必要とされる。誰も待たない中で発言する技術。

男性の横やりをかわす技術。

失言対策の技術。

これらすべてをクリアしてようやく、「意見」が言える。意見を言って勝っていくのではない。勝たなきゃ意見が言えないのである。

東大でのゼミはまず、そこが贅沢に、致命的に、異なる。その贅沢さが、個々の存在のしかたにも影響を与える。

声だ。これも、実社会と東大では決定的な開きを感じる。ゼミでは時々、「聞こえませーん」という声が飛ぶ。数百人の教室ではない。たった数十人のゼミだ。総体的に学生は声が小さい。これはなにを意味するか？

皆が「聞こうとしてくれる」という善意が大前提にある。

それが「だって、私はこうだから」を許す。

「別に聞こえなくてもいいや」と、「絶対伝えたい」という発言動機に差がある。

もし、誰も故意に聞こうとしない環境で発言しなければいけなかったらどうか。

おのずと声に差がでる。そして、その差は声にとどまらない。

少しでも呼びかけたいための目線の動き。

少しでも理解してもらうための話すスピード。

少しでも納得してもらうためのわかりやすい表現。

少しでも注目してもらうためのお化粧やオシャレ。

絶対聞いてもらうためにはなんだってする。

「私はこういう人だから」ではなく、すべての条件を相手に合わせてまでも、言いたいことが、ある。という現実。「こんな私」を理解してもらうより、自分を変えるほうが早い。

そこには発言する女に対する好意的環境など、ない。という大前提がある。

そこでの技術だ。そこからの技術でしかない。

まず、そこをクリアしなければ、なんの議論も、ない。

個々の存在のしかたは、技術によって、存在そのものの差となって表れる。声が小さければ、存在は、ない。伝えるためなら、なんだってする社会と、皆が聞こうとしてくれる東大。やはりここでもその贅沢な条件が決定的な違いとして痛感させられる。

そしてつくづく思う。東大と一般にはズレではなく溝がある。そこに連続性はなく、分断された世界がある。

とすると、私がずっと学問の時差だと思っていた知の偏差は、固定された差ではないのか。義務教育で読み書き計算できたからって、それでいいのか？ ほんとの勉強はそこからじゃないか。

理論は「ややこしい問題にとり組む場合に、思考の手助けとなってくれる」（『はじめての構造主義』）と橋爪はいう。だから、「理論の本当の有難みは、問題にぶつかってみないとわからない」（同前）と。

知の分配を獲得できぬまま、考える時間すら持てずに労働を余儀なくされるある層の人間を固定することで、得をしているのは誰か、と考えると、やっぱり、ここでも出てくるのが、支配・被支配の相関図だ。

ちなみに東大での博士課程在籍者の女子比率をみると、一九九六年度で二一・九パーセントもあるのに、女性教官比率になると、とたんに六・六パーセントに落ちる（『東京大学　現状と課題2』東京大学出版会、一九九七年）。

　このジェンダー変数を東大はどう説明するのだろう。知の占有はジェンダー秩序を補強していないといえるのだろうか？

　知の集団は一見、差別のない理想郷に見えた。しかし、その枠を超えて見つめ直すと、その枠自体にあからさまなまでの差別構造がある。

　では、教室内での平等はいったいどれほどの意味を持つのだろう。知と共に、教室外に流動しない平等に、交換のない平等に、どういう価値があるのだろうか。

　知が特権的権威集団に領有されているとするならば、それは経済や、政治のあり方と酷似する。

「知は政治であり、知の再生産は権力過程である。」（「〈わたし〉のメタ社会学」）と、上野はいう。

　知も経済も政治も、それらの今ある形が、近代国民国家の必然的所産で、それらが、国民国家の装置として機能する以上、その危険性を最も熟知している上野は、国家にからめとられないフェミニズムの展開という視座で、その手腕をどうふるうのだろう。

上野の腕が試される。知の最高権力を手にしたからこそ、試される。私には、上野千鶴子という人は、近代国家という時空間で、揶揄や、脅迫の渦まくなかを、毅然として綱渡りをしているようにみえる。上野の直観は、過去の大勢の研究者たちと同様、命の尽きるまで綱渡りをまっとうさせてくれるだろう。その後ろ姿を見ながら私はあくまでも上野の直観を信じる。

それが、私の直観だ。

上野にたたき込まれた批判精神とともに、私は上野を見つづける。私たちタレントも、東大生も、東大も、そして、上野千鶴子も、いったい、なにを生成し、なにを生成してこなかったのだろうか、と。

引用：蓮實重彥『知性のために』岩波書店、一九九八年
ロラン・バルト『物語の構造分析』花輪光訳、みすず書房、一九七九年
橋爪大三郎『はじめての構造主義』講談社現代新書、一九八八年
上野千鶴子「〈わたし〉のメタ社会学」岩波講座・現代社会学1『現代社会の社会学』岩波書店、一九九七年

ケンカのしかた・十箇条

ここで、東大で学んだ「ケンカのしかた・十箇条」を並べようと思う。

正確にいうと、上野千鶴子に学んだ議論のしかた、になるわけだが、もっと言うと、「男のもてあそびかた十箇条」とも言える。

もうすでに何度も書いたように、議論とは言葉の格闘技だった。その勝敗のめやすとなる決め技に、マスコミと大学では大きな開きがある。

「笑い」と「好感度」の存在だ。

この二つが、学問の場合、まったくプラスポイントにならない。逆にマイナスポイントになる場合もある。

審判は聴衆。彼らが共鳴、賛同して初めて、マスコミ界でも学問の世界でも「主流」になれる。

その権力闘争だ。両者ともターゲットは聴衆に向けられている。

聴衆を引き込むために、いったいどの技術を駆使するか。

マスコミ界での議論は、「笑い」と「好感度」が入り込むぶん、戦いは複雑な相を呈す。特にバラエティの場合、どれほど明晰な理論でも、面白味がなければ負け。しゃべるだけしゃべっても最後、コマーシャル前に笑いをとったものが勝つ。

じゃ、人を感動までもっていくだけの語りの時間はあるかというと、ない。ひとことで核心をつき、なおかつそれが人に嫌悪を与えるものであってはならない。血まみれの戦勝より、無機質な好感度があっさり勝ちを持っていったりする。

「男のそこがずるぃんだ！」と理路整然としゃべった後に、男性から、「〇〇ちゃんどう思う？」と聞かれ、「私、わかんなーい」で、勝つ時もあるのだ。

これは、学問では絶対ない。

芸能界では好感度の前には理論構築は無力だ。

しかし、議論が格闘技である以上、ぎりぎりに追いつめられた時、そこに存在する緊迫した空気にはマスコミも学問もない。そして家族も恋人もない。白日のもとに自己をさらけ出し、存在の意味をかけて戦わねばならないときがある。そんなとき、上野千鶴子が役に立つ。

また、日常生活でしばしば遭遇する不愉快な状況を一撃で打破したいとき、そんなときも、上野千鶴子が役に立つ。

簡単に言うと、言葉でくやしい思いをしている人のための十箇条だ。

まず、戦いは、守りと攻撃に分類される。さあ、いってみよう。まず、防御編。

その1『守るための開き直り』

それでも女か、とか、それで母親といえるのか、結局自分がかわいいんじゃないか、など、ジェンダー攻撃のやり口には、男女問わず枚挙にいとまがない。それでグラッときたら負け。最悪なのは「だって」で始まるいいわけ。

そういう時は、間髪入れず、開きなおる。「自分がかわいくて何が悪い」と。

「愛」とは夫の目的を自分の目的として女性が自分のエネルギーを動員するための、「母性」とは子供の成長を自分の幸福と見なして献身と自己犠牲を女性に慫慂することを通じて女性が自分自身に対してはより控えめな要求しかしないようにするための、イデオロギー装置であった。（上野千鶴子『家父長制と資本制』）

「愛」や「母性」の欠落した欠陥女性と責められることに、女性は特に弱い。それが仕組まれたものであることを知ることで、開きなおることができる。

その2　『守るための質問、〈わからない〉編』

攻撃された時、それに対し、反論、弁明、などのリアクションをとるのではなく、相手が無自覚に安易に使用している言葉や表現に対し、質問する。

それを繰り返すことで質問は追及に変容する。「わからない」だけで最後までいけたらしめたもの。そういう意味では「わからない」は、守りから攻撃へと効果が変容する言葉ともいえる。相手が自明のものとして使用している場合ほど、効果がある。相手をもてあそぶには秀逸な手段。

その3　『守るための質問〈○○ってなに?〉編』

上記に続く戦法。主に単語に使用する。「国家」「愛」「家族」「結婚」「人種」「血」「母性」「本能」「自然」「文化」。

あらゆるイデオロギー装置を問いただす方法だ。この質問に答えられる人はなかなかいない。もし答えてもそれらの言葉が装置として機能している以上、そのなかにはまた、「○○ってなに？」と質問できる言葉をみつけることができる。

「それで家族といえるのか！」

「家族ってなに？」

「父親と母親と子供たちだよ！」

「母親ってなに？」

「おおきな愛で家族を育んでくれる人！」

「愛ってなに？」

この質問は核心探しであると同時に、相手の無知探しでもある。これもやがて攻撃へと機能を変える。

理由なき強制力をもつ言葉は、指摘より、語らせることで質問は攻撃性を増す。

神話はものごとを純化し、無垢にし、自然と永遠性の中に置くのだ。神話はものごとに、説明の明晰さではなく確認の明晰さを与えるのだ。(ロラン・バルト『神話作用』)

つまり、男性にとって都合のいい神話めいた言葉には、「説明」を求めればいい。

「いつから?」

「誰が?」

それに対し、「自然だ」とか「文化だ」というようなら、また基本に戻る。

「自然ってなに?」

「文化ってなに?」

これは男性と二人っきりのときにはしないほうがいい。バカな男性ほど暴れ出す。

その4 『攻撃の為の質問〈そのまんま〉編』

質問にそのまま質問で返すやりかただ。

「言ってみろ、君にとって大事なものはなんだ?」

「あなたは?」

「あなたは同時に何人もの人を愛することができるのか？」

「あなたは？」

とにかく相手にしゃべらす。そして破綻を待つ。矛盾を待つ。卑怯なやり方だが、比較的簡単な攻撃法だ。

以前、コロキアムで上野教授が痛烈な批判をされたことがある。「フェミニズムには国家理論がない」と。国民国家に拒否反応をしめすばかりで、じゃあ、実際の現実の統治をどう考えているのか言ってみろ、というわけだ。

その時、間髪いれず上野千鶴子は言った。

「フェミニズムに国家理論は必要でしょうか？」と。

そして、相手は黙った。私は唸った。

一度、教授本人に聞いたことがある。

「なぜ先生は、質問に、質問で返すのですか？」

「質問は、それをした人が、実はその問題について、最もよく考えているからよ。」

ということはつまり、突き返された質問に答えられない場合、自分は無知でした、と自分で言っていることになる。

そのまんま質問しかえすことで、あっさり勝つこともある。

その5『広い知識をもつ』

これはゼミ心得でも上野自身が述べている言葉だ。専門バカになるな、というこ と。熟読でなく、多読をしなさい、と毎年言う。その結果、引き出しが多くなる。すると、相手の一元的理論に対し、迷わず「待った」がかけられる。

議論は一面的な表現で幕が開く、と、上野は言う。たとえば「それは日本の文化だ」などという表現は、他国の知識を得ることで、日本固有の文化などではなく世界規模の権力システムであることがわかる。

「フェミニズムって、ヒューマニズムだと思う。」などの一面的物言いは、フェミニズムの多元性を知っていれば根本から成り立たない主張であることがわかる。信念は根拠や知識を必要としない。したがって安直な物言いには「それはあなたの信念です」で待ったをかけ、聞く耳すらもたない。語らせない。そして本題へと移行する。

「人間は愛だと思う」や、「やっぱり女は優しさ！」も同様。

広い知識を持つことで、それがただの「信念」か、「論理」かを見分けられる。

その6『ワクを超えた発想をする』

まさにそのために知識はあるとも言える。そこにあるものを疑うことで初めてそのワクの存在を認識できる。疑うことなしに、つまり可視化なしの超越は不可能だ。

ゼミで、こんな発言があった。

「軍隊を否定するのではなく、参加する方法で非暴力へと働きかけるやり方もある。」

「じゃ、その間の、弱者である他国への暴力はどう認識するのか？」

「そんなの知らない。」

はい。負け。一国の発想と、国を超えた発想の差。戦争をどうするか、ではなく、戦争を疑う。そこから国家が見え、次に国をどうするか、ではなく、国家の必要性すら疑う。

「だって、ここに国家があるじゃないか。」

「国家があるからといって、なぜ、それを所与のものとして認めなければならない？」という議論。男女の関係性もしかり。結婚の是非を問うのではなく、結婚システムを疑う。

講演会でも、男女のいい関係というのがテーマになったりする。悩み相談の番組はこれなしには存在しない。だが、その枠内での発想だと、人生の達人の出番となる。「女が引け」とか、「男が負けておけ」だの。「仏の教えでは」だの。「男は寂しがりや」「母ではなく女」。

講演会は人生の達人のオンパレードだ。しかし、〈対幻想〉という見方を知っていれば、「男女セット」そのものを疑うことができる。一人でも生きられるのに、幻想がつがわない男女を強迫している、というワクを可視化できる。「男女のいい関係」に、「女が引け」「いいえ男よ」の議論ではなく、「なぜ、男女じゃなきゃいけないの？」という、議論にならない議論。

これに相手は「はあ？」となる。

これはワクを疑わない人を間違いなく苛立たせる。

議論にならないというより、議論してあげない技術といってもいい。

目前のワクを疑わないでその中で理論構築する人間と、ワクを疑い、ワクにこだわり、ワクを見破ってなおも次を探す人間とでは、おのずと戦う土俵が違ってくる。

相手にならない、戦いにならない、と聴衆に認識させる勝ち方もある。

その7　『言葉に敏感になる』

これなしに議論に勝つことなどできない。

「なんだか気にくわないのよねー」じゃ話にならない。

抽象的なケンカほど、わけのわからない、勝敗のつかない、自己満足にすぎないポイントを絞る。そのためには具体性が必要だ。どこのいったい何に、攻撃を仕掛けるのか。場所も決めない漠然とした攻撃などありえない。

それには言葉に集中し、聞き耳をたてるしかない。どんな些細な言葉でもいい。不用意に出た言葉、無自覚に使われる表現、曖昧になっている言語、すべて攻撃対象だ。戦いはそこからしか始まらない。

そのための態勢だ。まず、笑顔を捨てる。女性特有のあいづちに微笑みはつきものだ。「微笑まなくっちゃ」が、すでに集中力の邪魔。他に、足そろえなくちゃ、鼻のあぶら押さえなくちゃ、髪みだれてないかしら？　皆、捨てる。ただ、言葉のみに虎視眈々と集中する。

平気で唾を飛ばし、股を開き、タバコ吸いながら、水グビグビ飲む男性と議論する時点で、集中力に差がでないようにする。すべてひとつの言葉を待ったためだ。

上野の、研究者への攻撃は、その人の一冊の本でも、○○ページの○行目の○○という言葉の指摘から始まる。その言葉の概念、使用した根拠、類似の言葉との差、など、一つの言葉だけでも攻撃は続けようと思えば続けられる。

なんでそんな細かいところから、と思うのではなく、小さなスキから突いていく。小さくても答えられなければ、「返事できない」という現実が大きくものをいう。些細なことから山は崩れることもある。

その8　『間をあけない』

ここまできたら、相手をもてあそぶのではなく、もう、ふりまわす技法だ。考える暇も与えないほど、やるときはやる。その為に必要なのは頭の反射神経だ。立て続けに攻撃を加えて攪乱する。

まず、攻撃系の質問をいきなり仕掛け、相手の不意をうつ。ウッと相手がつまった瞬間にすかさず次の質問を投げかける。相手が態勢を整えるまえに、また次の質問。しどろもどろの返答にも容赦なくさえぎって質問。

「神話ってなに？」

「えっとー……」

「それ、昔話とどう違うの？」

「それは……」

「それぞれ英語で言い分けてみて」

「ええーっ」

「じゃ、物語、はそれらとなにがどう違うの？」

「うーっ……」

終わらない。そのうえ、ワクを超えてもみせる。

「それらの私の質問についてだけど、そんな分類する必要があると思う？」

質問しといてそれはないでしょ、と思うが、みごとだった。

とにかく、相手に考える時間を与えない。立ち上がる猶予も与えない。

これはかなりの知識と訓練という技術を必要とするが、たった一つの質問でもいい。するときは間髪いれない。

質問は不意打ちでやって初めて攻撃の威力を高める。勝負である以上、丁寧に相手をたてる必要なんかない。さえぎって相手を怒らせる。こちらの理論が核心をついていれば暴挙という印象を与えず攻撃力を増し、聴衆の批判はあびないですむ。

その9 『声を荒げない』

ケンカに罵声はつきものだが、これをやったら負け。

ゼミでも、たまに相手を指さして批判したり、立ち上がって大声で意見を述べる人を目にするが、それはその後の相手の冷静さを際立たせる演出効果を自ら果たすもの。冷静に相手の動向を見抜くためにも、聴衆の同意を得るためにも、テンションは邪魔にこそなれ評価対象にはならない。シンポジウムなどでもテンションの高い発言者によく出会う。それが、数人の発表になると、そのテンションが致命的にすらなる。

「やかましい。」

このメッセージしか届かないことがある。どれほど意味のある発言をしても、内容ではなくそのキャラクターを伝える羽目になりかねない。

選挙演説型もいる。なにか熱いものが伝わる。人柄に人間臭さがある。弁が立つ。なにかやってくれそうだ。リーダーシップをとるにふさわしい素養がある。カリスマ。

……で、何がどうなんだ？　最も言いたいことは何で、それは他の誰とどう違い、どこに革新的理論があるのか？

「ワカランけど、頼もしい。」

この熱血型に煽動されてしまう聴衆も確かにいる。しかし、戦いになると、その熱血はその後の冷静な一言で覆される。

「で、おっしゃりたいことは何？」

言葉を勢いよく全身に浴びせるより、そっと忍び込み、相手の急所のみを短剣で突く。どっちが、家に帰ってもまだジワーッと効くか、はいわずもがな。

私はいまだに議論で、叫ぶ上野、怒鳴る上野、わめく上野をみたことがない。なのに、日本一恐い。威嚇と激昂は別物だということがわかる。

音や動きや雰囲気からくる恐怖は、言葉の恐怖の比ではない。それらは言葉の演出効果にすぎない。真に攻撃力を含有した言葉は、言葉だけで他を必要としない。状況に即した言葉選びは武器選びだ。感情の波は、そのシーンに最もふさわしい武器選択という対応力をにぶらせる。

その10『勉強する』

最後にこれ? と思うなかれ。

1から9まで、すべてを通じて、これなしにはどの項目も成立し得ない。質問が攻撃性をおびるか、単なる謙虚な質問に終わるかは、ここにかかっている。実際、答えがわかっている時の質問は攻撃の色を増す。答えは一つでなくていい。まだ途中でもいい。すくなくとも相手よりわかっているという自負心が攻撃性の土壌だ。

結果、ほんとうにわからない箇所にまで到達したなら、そこからの質問は、パラダイム転換の可能性、という意味ある議論へと次元を移すだろう。

しかし、この項目が「ケンカのしかた」である以上、学術的進歩はおいといて、「勝つ」ためには、体を鍛え体力をつけるように、頭を鍛え、知力と共に頭の瞬発力と柔軟性を身につけるしかないのだ。

理論のない開き直りはただの性悪。質問攻勢は聞き分けのなさ。相手をさえぎる行為は常識知らず。集中は無愛想。ワク外の発想は話にならん女。というエトコナシの女になってしまう。

すべて、あらゆる固定観念と戦い、勝ち、説得力をもつためには理論が必要なのである。そのためには勉強しかないのだ。

＊

以上、私が学んだケンカのしかた・十箇条だ。

ケンカは攻撃面と守備面があるが、ケンカ嫌いの人はじゃあ勉強しなくていいかというとそうではない。

守り。自分の身を守るためにケンカを余儀なくされる時もある。権力闘争に加担せず、他人に守ってもらう人生を選択しても、その最愛の人とですら、自己の存在をかけて言葉が必要なときがある。

「愛の共同体」の神話から離れてみれば、この私的な「聖域」の中でどのような暴力と抑圧が行使されているかが、いよいよ明らかになる。（上野千鶴子『家父長制と資本制』）

つまり、戦いを選ぼうと選ぶまいと、人は戦いからは逃げられない。システムとイデオロギーに真っ向から戦いを挑むか、一人の男性を通して垣間見えるその向こうに広がるシステムとイデオロギーを相手にするか、の差があるだけだ。あとは覚悟の問題だ。生きていくためにはお金と言葉が必要だ。なければ、支配に隷属するしかない。

引用：上野千鶴子『家父長制と資本制』岩波書店、一九九〇年
ロラン・バルト『神話作用』(1957) 篠沢秀夫訳、現代思潮社、一九七六年

フェミニズムを利用するのはあなた

「ウーマンリブ」を名乗る女性が、客席から叫ぶ。

「上野千鶴子はきらいだ！」と。

会場は息を呑んだが、次の言葉に押し黙った。

「言葉は私を助けてくれなかった。」

上野は反論した。

「フェミニズムはなんの貢献もしなかったでしょうか？　ほんとにそうですか？」

フェミニズムは言葉を誕生させた。ジェンダー。セクシャルハラスメント。アンペイドワーク。たしかに。しかし、この二人の距離はとてつもなく大きく見えた。

言葉に価値を認めるか、認めないか。「世界を変える学問」か、「ただの言葉遊び」か。この差に「構造主義」がある。

また言葉かと思わないでいただきたい。

言葉じゃ助けにならないという現実。その現実や私たちが世界と呼ぶものは、なにによってできているのか？

言葉なんかに集約されない、なにかもっと違うもの、なのか、そうではないのか。

そこに、構造主義がある。『はじめての構造主義』で、橋爪大三郎はいう。

「犬」という言葉がなければ、もうあのアイツを「犬」として体験することなどできない。

そう。世界は言葉で認識でき、現実として体験される。

世界が言葉で表現されているというよりも、言葉が世界を構成している。（野口裕二『ナラティブセラピーの世界』）

「言葉は私を助けてくれなかった」という叫びも、また、言葉である、という現実がもの悲しい。その人が、なにを苦しみ、どう助けられたかったのかも、言葉でなきゃ伝わらないことが悲しい。

言葉によってでしかそこに存在しない現実に、抵抗する術もまた、言葉である。だから言葉は偉いのだ、ではなく、だから言葉を謙虚に受け入れるしかない。しかし、その無力感とともに、可能性として存在するのもまた、言葉である。世界が言葉でできているのなら、言葉で世界は変わる。

会話によってわれわれは世界のありようを確認し、そして、変更する。(同前)

フェミニズムはそこに賭けた。その言葉は、世界の見え方を変えた。自然や文化ではなく、そこに権力が存在すると。

やみくもに暴れるしかなかった思いに、フェミニズムは話す道具を与えてくれた。にもかかわらず、言葉の無力を訴える人々が物語るのは、言葉からの疎外だ。聞く人間がいて言葉がある。聞く人間をもたない、空間に放たれる言葉は空虚だ。女房の声を無視する夫には、語る言葉より包丁のほうがモノを言ったりする。テレビ局の過剰な自主規制は、抗議行動に慎重なだけかもしれない。怒りや、涙は、確実に相手にブレーキはかけさせる。しかし、そこにどれほどの理解があるのだろうか。理解など必要としない、と言いきれるだろうか。

言葉を放棄した時に、じゃ、なぜ、すべてを放棄しないで、なんらかの形でなおも訴え続けるのかというと、そこには理解への果てしない希求がある。しかし、その理解に言葉が要るのだ！

言葉と理解を拒否する叫びは、同時に言葉と理解の切望を叫ぶ。

新人の頃、大先輩タレントに訴えたことがある。

「本番中、あなたの発言になんか変だとは気づいていても、どこが変なのか言葉になってでない。くやしい。そんな時、どうすればいいんですか？」

その時、あっさりと大先輩は言った。

「なんか変だとは気づいていても、どこが変なのか言葉になってでない、くやしい。と、言え」と。

なるほど、と思った。

わからないから使えないんじゃない。使わないから、わからないままなんだ。この思いは言葉なんかじゃ、乗せきれない、じゃなく、その思いが、乗せられる。それでもまだ、言い尽くせないのなら、それもまた、そう、言い尽くせる。言葉は積極的にそれを使おうとした場合にのみ、可能性への芽を育む。

言葉でできた社会に私はいる。その中では、感情だけの訴えは男性たちの揶揄の種になった。極端な行動は逸脱者として除外されかねなかった。私に唯一許された道具は、言葉なのであり、言葉しかないのである。テレビの中の私にとっては、感情も行動も表現に制限がある。もし、私が今の社会から除外されたら、その瞬間に感情も行動も無制限に自由に発動できるだろう。

しかし、誰に？　どこに？　そして、何を？

言葉には力がある。ただし、聞く相手がいること。話したい事があること。話す技術をもつこと。それらの前に、言葉で自分を理解すること。

世界が言葉で、言葉が世界ならば、言葉を謙虚に勉強し、言葉を大胆に行使するしかない。自分に、世界に。

フェミニズムの旗手として、数々の言葉を生んでくれた上野千鶴子。それをどう使うかは私たちの問題で、個々の課題だ。

女性たちのフェミニズムに対する苛立ちに、フェミニズムへの過剰な期待がみえる。

しかし、その、手放しの期待こそが、〈女らしさ〉の構造であることに気づかねばならないだろう。夫をののしる背景に、結婚への過剰な期待と、受動性への固執がある。なにもかもフェミニズムにやってもらうのではなく、自分がフェミニズムをどう利用できるかが問題だ。利用の動機は個々の自分の中にしかない。その自分を言葉で理解できなくて、なにをどう解消したいというのか。

自己は自己を語る言説によって構成されてゆく。（野口裕二、同前）

自己の可視化なしにフェミニズムの利用もない。言葉を放棄しても、人は言葉でものを考える。感情も言葉で知覚する。人は言葉でできた社会の構築物であることを認めるしかないのだ。

たしかに、上野千鶴子の本は専門的だ、と私は感じる。それは私だけではないだろうとも思う。「専門」と「日常」には乖離があるように見える。そのことで疎外感を拭《ぬぐ》えない人もいるかもしれない。

しかし、上野はフェミニズムの先頭を風を切って走った。

それ以上なにを望むのか？

走るのをやめて、振り返って手を引いてくれとでもいうのか？

私は言葉がわからないから一人一人に教えてくれとでもいうのか？

上野は上野の意志で走りつづける。あとは私たちの問題だ。上野に距離を感じるのなら、走って追いつくのは私の仕事だ。上野は違うと思うなら、正しいと思うところに自分で走ってみるしかない。

訴え、叫び、罵るまえに、ここまで開拓してくれた過去の大勢のフェミニストたちの残そうとしたものを知り、彼らの果たせなかった夢をその悔しさごと引き受けていきたい。

人は謙虚さからしか努力を呼べない。前を走ってくれた感謝と残る無念が、私の憤りを覚醒させ、共振させ、勉強へと駆り立てる。

先人たちの残した言葉を、心して使用していきたい。

私は、自分のために、私という自分が走る。

それを見て追いかけてくる人がいるかどうかなんて、知ったこっちゃない。

私は自分のことで忙しい、タレント、だ。

と、言葉で言い切る私がいる。

引用：橋爪大三郎『はじめての構造主義』講談社現代新書、一九八八年
野口裕二『ナラティブセラピーの世界』日本評論社、一九九九年

再び出発点《スタート》へ

「ここか、この大学か……。」

正門を見るなりおよそ二十年前に舞い戻った。

私が受けて落ちた大学。もう、二度と来ることもないと信じ込んでいた大学へ私はやってきた。二十年前、緊張と懇願の思いでこの正門をくぐった。

「サクラチル」で追い出されたこの正門を、再びくぐる。

守衛のおじさんが、「遙先生ですか」と近づく。

いつもは講演会では「先生と呼ばないで」というが、今日は違った。

「はい。」

二十年後の私の登場は派手だった。ベンツでマネージャーつきだ。

しかたがない。カッコつけてなんぼのタレントだ。車から降り、深く息をすいこみ、まわりを見渡した。哀しいけれど、もう、なんの記憶もない。どの校舎も見覚えすらない。落ちた記憶だけが消えずにいた。

東大が深い森の中にあるのとは違い、ここは小洒落たガーデニングの中に校舎がたたずむといった感じだ。公園のなかの大学。木陰にはベンチ。灰皿まで備え付けてある。

東大では休憩は階段か、地べただった。地面に弁当を置くたび、「もうちょっとなんとかならんの?」と思っていた。

教室に入ると学生は百五十人ほどいた。きれいな教室だ。机も壁も皆きれい。いつの間にか、「歴史的」な汚れ方に見慣れた自分に気づく。東大は、どこもかしこも、昔のにおいがした。ここは、学生のファッションひとつとっても今ふうだ。浴衣姿で出席している学生がいた。理由を聞くと、「授業のあと、花火大会にいく」とのこと。そう、これが、カレッジライフをエンジョイするということだ。私もこれがしたかった。

教室は、オシャレな学生が多かった。そのまま、繁華街へなだれ込める、そんな華やかな雰囲気。

不安だった。はたして、ここで、ジェンダー論が成立するだろうか？　この雰囲気で。

私の今日の授業は「ジェンダー論・総論」。私が東大で上野千鶴子に教わったものを、ここで学生に教える。

この機会を与えてくださった、私の母のような存在の女性はいう。

「東大とは違うわよ。忘れないように。」

「母」はこの大学で教鞭をとっていた。教室には、平静を装いながら教室の隅で私をみつめる母がいた。母の言葉の意味をひとつひとつ納得する。どんな気分だろう。自分が上野千鶴子に預けた娘が、自分の教えている大学で教壇に立つ。娘のピアノの発表会みたいなものだろうか？　うれしいだろうか？　不安だろうか？　自慢だろうか？　はずかしいだろうか？

教室には他の教授もきていた。教えながら、これは試験だな、と思った。

私の課題はただひとつ。あれほど難しい話を、どれだけ分かりやすく、面白く伝えられるか。そこにすべてがかかっていた。

教壇に立つと、学生の授業参加のしかたが見える。友人と話しながらの楽しい参加型。一人集中型。私に対する批判型。単位取得目的型。面白いくらいに姿勢が見える。この一見バラバラの存在をどう一つにできるか。

「あ、タレントだ」から、「近代国家批判」まで、どう皆の意識をもっていくか。「細い！」「化粧うまい！」から、「近代ドイツ」「女性兵士問題」にどう集中してもらえるものか。

日頃の、「今日は笑いに来ました」という主婦層中心の講演会がいかに楽なものだったかと、改めて痛感する。

少なくとも主婦層の場合、期待と目的は一致する。しかし、今回、学生の私を見る目が期待するのは芸能界裏話であることは察しがつくが、目的はまったく違う。単位。これがかかっている。笑わせることなく、真面目な話で集中してもらうには、興味深さしかない。「笑い」ではなく、「面白さ」。

これは全然違う。講義は二コマ、三時間におよぶ。私は大きく息を吸い、講義をはじめた。同時に自分自身に言った。

「頼むぞ。」

「私、大学の先生するんだ。」と東大の学生に言った。

東大生ですら、大学への就職がきびしいことを知る私としては、言いにくかった。勉強一筋で生きても困難な道を、タレントの私が、それも別にその為の努力をしたわけでもないのに歩んでしまう。

もちろん、私と大学との関係は一過性のもので、彼らが狙うのは生涯の就職だが、やっぱり言いにくかった。

それなのに言わなければならなかったのは、教えてほしかったからだ。「教え方」を。

言われたほうも情けなかっただろう。こんなんで教えるのか？　と。こんなんでも、教えられるのか？　と。

ハイと言った以上、それは私の仕事だった。

ただ、私の専門外。そこが、どうしてもネックだった。

私が学んだフェミニズム社会学は実質三年だが、文献は五年分に及ぶ。一年にこなす文献が約百冊だから、ざっと五百冊はある量の、いったいなにをどの基準で選びとり、どの部分を教えるのか？

こう考えると、勉強すればするほど、なにを教えたらいいかわからなくなる、ということになってしまった。

学生は「じゃ、私のを参考までに」とキチッと整理された参考資料を送ってくれた。いつでも授業が開始できるように、すでに資料を整えていたのだ！

頭が下がり、申しわけない気がした。

私はなにも整えず、なーんも振り返らず、ただ勉強した。ただ読み流している私と違い、学生は家でこの数年分を整理していたのだ。さすが、プロだった。

私は読んだあとは、箱に入れて戸棚にしまった。それが私の整理だった。学びっぱなしの私はそれからまた、一から勉強しなおす羽目になった。

今度は神経症にならないように、勉強しすぎないように、それだけを集中して、集中しすぎないように気を配った。ややこしい話だが。

そうやってできた講義用レジュメ。私にとっての記念作品。講義は舞台芸術制作に近かった。「ほーら、見えないものが、見えてきたでしょ？」と皆を導く行為は、話術と説得力と信憑性がどうやら必要だった。

やがてチャイムが鳴り、終了を告げる。ホッと肩の力が抜けるのが分かる。学生の質問が飛ぶ。「ジェンダー論さえやれば、幸せになれるんですか？」

……倒れそうになった。

誰がそんなこと言った？　なんでそんなこと思う？　もしこの世にこれさえやれ

ば幸せになれる学問というものがあるのなら、私が教わりたい。この質問に、上野の言葉がよぎり、私は立ちすくんだ。

「学問は真理のためにあるのではないのか」という学生からの反応に悩まされてきたが、二十歳くらい迄のあいだに、そのような「学問観」がどうやって形成されてきたかの方が、私には謎に思える。(上野千鶴子「〈わたし〉のメタ社会学」)

真理は一つ。幸せは一つ。などという考えがいかに危険で、それらの思想がいかに人を騙しやすく、どれほど多くの人がワナにはまったか。

イデオロギーの産物としての「幸せ」や「真理」を見破ったジェンダー論を説いたあとに、

「じゃ、ジェンダー論さえすれば……。」

となること自体が私には謎だ。上野はそんな学生を語る。

もしかしたらたんに「解」はひとつ、という受験教育の弊害にすぎないかもしれない。(同前)

その言葉をそのまま借りるとすれば、たんに「幸せ」はひとつという社会教育の弊害かもしれない……。それが幸せ、と迷わず結婚していく人たち。出世しかり、お金、仲のいい家族しかり。それらすべての「幸福感」はどうやって形成されるのか？　目の前の現実はそうじゃない現象をも、まざまざと見せつけているというのに。

実際にはどっちか、ではなく、どう見えるか？　見抜く力があるか？　によって、「幸せ」など、いかようにも姿を変える。

人は目の前の現実を見る力もあるかわりに見ない力もある。見えるように努力もできるが、見えないようにも自ら努力する生き物だ。

学問を他人にまがりなりにも教える機会をいただいて感じたことは、いかに学問の視力と聴力が思考力に結びつきにくいかということ。

つまり、いかに人がひとつの思考から自由ではないか。

ひとつの思考のみならず、そこを変更してもなお、思考を構築する「作業」そのものに、思いこみがある。となると、学問を教えるということは、どうやって考えるかを教えなければ、見方も聞こえ方もなにも変化しない。

「結婚制度をどう思いますか？」

「幸せな主婦っていると思いませんか？」

こういった質問のすべてに、たったひとつの「解」への信仰が見える。

どれも、なにも、一概には言えない。

「遙さんの意見が聞きたい」に、「私の講義が私の意見です」じゃ納得しない学生にも、学問はひとつ、という思いこみが見える。

多岐にわたる学問の論旨から、私は一人の教授を選び、その中から、また一つの論旨を選ぶ。そうして作り上げた私のオリジナル。これ以上の意見はない。

学生たちは三年前の私の姿を教えてくれる。

そうだ。私もここからスタートした。

そしてその時も言われた「一概に言えないということがわかれば充分」という教授の言葉。「へ？」という私。

今、同じ表情で学生が私を見つめる。

この百五十人のなかでいったい何人が、このトリックを見破れるだろう。そして、何人がその思考の作業そのものに知を導入できるのだろう。

いまだ、なにがわかってなにがわからないのか把握しきれていない私に、学生たちの純粋さは、ともすると忘れがちなスタート地点を見せてくれた。そして、そこはまさしく私が落ちた大学という点でも、そこ以上の原点はないのだった。

帰りに、車で正門を出ながら、もし、あの時、この大学に受かっていれば、今、このような勉強をしていただろうか？　と問う。

おそらく、私も浴衣をきて、祭りに行っていたに違いない。恋人つくって、仲良く図書館に行っていたかもしれない。大学四年間の「幸せ」のあと、どんな人生が待っていたのだろう。

バックミラーで、チラッと閉まる正門を見て、夏の日差しに私はサングラスをかけ、湾岸道路をアクセルを踏んだ。

引用：上野千鶴子「〈わたし〉のメタ社会学」岩波講座・現代社会学1『現代社会の社会学』岩波書店、一九九七年

あとがき

この本はもともと上野教授から出された春休みのレポートでした。

「ここで学んだことをエッセイ形式で提出せよ」と。

休み明け、これを提出する時に私はカケだと思いました。

失礼な、と叩き捨てられるか、爆笑してもらえるか。

そのレポートがその上野教授御自身の推薦で出版していただけるようになったこと自体、私は自分のカケに勝ったことになります。

それでも、出版されて公になるのですから、私の得手勝手な教授の描写について、教授自身から何カ所かの訂正が入ることは覚悟していました。が、最後までそれは一切ありませんでした。

それは、「私のことをどう書いてくださろうが、私はそれを受けて立つ」というどこまでも潔い、肚《はら》の太さを感じずにはいられない沈黙でした。ですから、あくまでここに登場する上野千鶴子や東大生は私の見た一側面でしかなく、同時に私が見た確かなる側面とも言えます。

もともと、突然、東大に通うようになったわけではなく、一九八五年、国連の女子差別撤廃条約が国内法として効力を得、女性学が教育プログラムに導入されるようになった時、それをいち早く取り入れた数少ない大学の中に、運良く私の卒業校がありました。それまでの自己流勉強法に限界を感じていた私は一九九三年に大学へもどり、小松満貴子教授の指導で女性学を履修しました。その上で、次に、上野教授に教わりたいと申し入れ、教授からの許可を待ちました。

一九九七年に、間に立って動いてくださっていた方から念願の受講許可の知らせを受け、それまでの努力が報われたと喜んだのも束の間、上野教授から渡されたスケジュール表を見た時、本当の努力はこれからだと知りました。教授自身も、著書で、自らの教育カリキュラムについては「欧米型」とし、こう語っています。

必要な文献をシナリオどおりに配した膨大な読書量をこなすことで、その分野については短期間で国際水準の議論ができるようになる、という手法である。（上野千鶴

子「フェミニスト教育学の困難」『ジェンダーと教育』藤田英典他編、世織書房、一九九九年）

プロが認める「膨大」なら素人にはいかほどのものかご理解いただけると思います。私が国際水準になったかどうかは置いといて、「これから皆さんの一週間はゼミの日を中心に動くでしょう」という教授の予言どおり、まず、朝十時から学部ゼミ、昼から大学院ゼミ、午後は学部講義、夜は八時までコロキアム（プロのゼミ）というスケジュールを消化しました。つまり朝から晩まで勉強し、勉強酔いのボーッとした頭で深夜、学生たちと飲んで騒いでその曜日を終えました。自然と、次の曜日だけは勉強しないことを自分に許す休養日になり、その次の日からは再びゼミに向かって文献を読む日々が続き、たいていゼミの前日は徹夜で読み、そしてまた当日を迎え、夜は騒ぐ、といった流れの一週間になりました。その合間をぬって私は働き、学生たちは修士論文や博士論文を書いていたという違いはありますが、明らかに一週間はゼミの曜日をクライマックスとして成立し、まさしく教授の言葉どおりに確立していきました。

そういう意味では上野千鶴子を中心に動いた三年とも言えるでしょう。

一年はあっと言う間に過ぎ、正門から安田講堂へ続く銀杏並木が、むせかえるほどの新緑の時期と、まばゆいほどの黄金一色の時期、そして木枯らしに木肌むきだしの時期、それが、まるで一カ月周期でめぐりめぐるような錯覚を覚えます。同時に、やはり三年の歳月は長く、男子学生にも茶髪の波が押し寄せ、お気に入りの喫茶店は閉店し、学生仲間も就職の時期を迎え、私自身も「ケンカ」が少し強くなりました。

喜び勇んで報告する私に教授は顔を曇らせ、「あからさまに勝つのはよくない」とブレーキをかけることがあります。そして勝ち過ぎがもたらす危機を懸念し、慎重に巧妙に戦いを挑むことの必要性を説きます。たまにとはいえ勝てるようになったからこそ、あえて勝たない方法へと、私の勉強が転換期を迎えたことになります。

社会学が私にくれたもの、それは、「言葉の世界」でした。

言葉をどう使うかで、人はものを見ることができるし、見ないこともできる。見せなくもできるし、見えなくもできる。そして、見破ることも。

言葉のもつ力と人の弱さ。知らなくても生きていけたと思いますが、知ると、よく生きてこれたな、と言葉のもつ「扱い要注意」性にゾッとする感が拭えません。

まるで、自動車教習所で教わる「ボールの後には子供が飛び出す」といったマニュアルをそのまんま一般道路で実体験するように、社会学で習ったとおりの言葉のトリックのマニュアルに、人がいかに簡単にひっかかるかを実社会で体験し、冷や汗とともに感心したこともたびたびです。それはおもしろいくらいに、人は社会学どおりに言動する生き物でした。

抑圧する言葉がなぜそのように機能するのかを知ることで、それはもう抑圧効果を、少なくとも私に対しては失いました。

誹謗中傷する言葉がなぜそのように成立するのかを知ることで、それはもう武器としての威力を、少なくとも私に対しては弱めました。

強くなるということは、言葉に振り回されない自分を作るということ。

そのための社会学だったと今では理解できます。

本文に何度も登場する、私を上野千鶴子さんのもとへ預けてくださった「母」的存在の女性とは、何を隠そう、日本のフェミニズム・カウンセリングのパイオニア、今は帝京平成大学で社会福祉心理学を、甲南大学でジェンダー論を教えておられる河野貴代美さんです。「この子をよろしく」と上野教授に頭を下げてくださった姿が今でも目に焼きついています。彼女のおかげで私は「知」という財産を得ました。

親からもらった財産。一生大事にしていきます。ありがとうございました。

この本の出版に関して緻密な作業に綿々と御尽力くださった筑摩書房の藤本由香里さん。私のようなド素人によくつきあって下さいました。朝まで語り合った日々は忘れません。ありがとうございました。

もちろん、私のレポートを出版するというご判断をしてくださった筑摩書房さんあってのことです。感謝します。

「東大生」を背負って生きるゼミ仲間たち。皆さんの許容と助言なしでは私はやっぱ、挫折していたと思います。ありがとうございました。

そんな私の勉強を応援し、実質面のサポートをしつづけてくださっている芸能界の先輩、木原光知子さん。ありがとうございました。

そしてなにより私が勉強する時間が確保できるのは、仕事のスタッフたちが私に関するあらゆる仕事をこなしてくれているからです。感謝しています。

そして、上野千鶴子さん。

彼女はけっして、大学でケンカのしかたを教えているわけではありません。

声を大にして言いますが、教えているのは社会学です。最先端を走る社会学者です。

学部生からも「おもろい社会学」として人気を呼んでいます。いつも研究室は彼女と話をしたい学生であふれ、その喧騒のなかで、それでも彼女は確かに一人一人を指導していました。私も含めて。

まず、上野千鶴子という人に出会えたことに感謝。私を受け入れてくださり厳しく指導していただいたことに感謝。この本を誰よりも上野教授自身が笑い飛ばしてくださったその度量に感謝。私にむけてくださったまなざしのすべてに心から御礼を言いたいと思います。ありがとうございました。今現在、まだ大学へ通う私です。これからもどうかよろしくお願い致します。

最後に、読者の皆様、御購読ありがとうございました。この本の中にある私のくやしさが私だけのものでなく、私の感動が私だけのものではないことを願ってやみません。

ありがとうございました。

一九九九年十二月　　　　遙　洋子

＊本書に登場する学生その他の関係者との会話やエピソードは、話をわかりやすくするために複数の人物の発言を併せたり、多少の脚色をほどこしてあり、必ずしも特定の人物や出来事に帰されるものではありません。

解説　山頂の風景

斎藤美奈子

これはもうすでに何度か書いたことなのだけれど、ここ十数年のフェミニズムの世界は、スキー場に似ている。

片方では上へ上へとリフトが伸び、山頂近くではアクロバティックな知的レースが繰り広げられている。九〇年代以降のジェンダー論の進展には目を見張るものがあり、見解の相違をめぐる議論も盛んだ。しかし、その一方で、「ちびっこゲレンデ」の札が立っているような麓の緩斜面では、ボーゲンもおぼつかない初心者が、転んでは起き、転んでは起きの戦いを十年一日に続けている。「男女にはそれぞれの適性がある」「男脳と女脳はちがう」といったレベルの議論にいつまで足を取られなければならないのかと思うと、メマイがする。両者の間には接点がない。その棲み分けが、みごとにスキー場、なのだ。

本物のスキー場には、たいがいスキー学校が併設されていて、何シーズンか通っているうちに、最初はリフトひとつ乗るのもビクビクだったビギナーが、やがては華麗なパラレルターンやウェーデルンを披露できるくらいにまで腕が上達するのだが、フェミニズム・ゲレンデのもうひとつの不幸は、インストラクターが決定的に不足していることである。

八〇年代後半〜九〇年代前半を代表するインストラクターは、まさに本書の表題にもなっている社会学者の上野千鶴子さんであり、あるいは心理学者の小倉千加子さんだった。上野千鶴子『増補〈私〉探しゲーム』（ちくま学芸文庫）や小倉千加子『セックス神話解体新書』（ちくま文庫）は、いまなおフェミニズムの入門書としての力を失っていない。けれども、その後を継いでボーゲンから手ほどきしようという人（本）がなかなか現れないのである。

そうこうしているうちに、麓の荒廃は進み、フェミニズム・ゲレンデそのものも集客力を失って「遠い世界」と化してしまった感さえある。

実際、書店で「女性学・ジェンダー論」の棚を探してみれば、このゲレンデの比喩が必ずしも比喩ではないことが理解できよう。エスカレーターを何度も昇り、フロアを隅々まで探し歩かないと、その場所にはたどりつけない。一方、一階の目立つ場所には男女関係について説く相変わらずの新刊書が山積みされている。

私は何度メガホンを握りたくなったか知れない。

「はい。上で滑ってるその上級者、たまには下へ降りてきてくださーい」
「そっちの麓の人たち、たまにはリフトにも乗りましょーね」

ここまでいえば、本書『東大で上野千鶴子にケンカを学ぶ』がいかに画期的な本だったか、わかってもらえるだろう。

スキーの乱暴な上達法に、初心者をいきなりリフトで山頂に連れていき、「ここから自力で滑り降りなさいね」と命じる方法がある。危険なので、よい子は真似しないほうがいい方法だ。ところが、遙さんが自ら選んだのは、まさにこの方法だった。彼女はガタガタ震えながらリフトに乗り、山頂で途方に暮れる自分をネタにし、直滑降して転倒する自分もさらし、それでも上に行けば見晴らしがよくなることを身をもって示したのである。

頂上が東大だという点に反発を感じる人もいるだろうけれど、驚くべきは、この本が単行本の段階で二〇万部を売ったことだろう。一万部も売れればヒットといわれる出版業界で、これは快挙を通りこして事件と呼ぶに相応しい出来事だった。この本が売れるなら、フェミニズムにもまだ需要がある証拠。関係者（と自分で思っている人）はみな、この現象にまず不思議がり、次に勇気づけられ、最後に自らの知的怠慢を反省したのではなかっただろうか。

とはいえ、改めて読み返してみると、『東大で……』がだれにでもできる芸当ではないことにも気づかされる。この本には「フェミニズムの本」という以上の、多様な要素が盛り込まれているのである。

ひとつめのポイントは、この本が遙洋子というひとりの女性を主人公にした秘境探訪記であり、冒険譚であること。関西の芸能界という、それはそれで特異な環境かもしれない場所に身を置く彼女にとって、東大の大学院というアカデミズムの牙城は、魑魅魍魎がバッコするまさに異世界。

〈「共同体主義的発展論」とか「不等価交換」とかの言葉が、彼女の日常会話だった。それは私にとっての「こんにちは」の次元でいとも簡単に彼女の口をついて出た。ゼミの間中、彼女の発言で理解できる言葉は……何一つ、なかった〉

と彼女は書く。麓から来た者にとって、山頂の住人は、異言語を話す、大げさにいえば宇宙人だったのだ！

しかし、最初は魔境と見えたその場所で、主人公は確実に自分を鍛え、成長していく。言葉の真の意味でのビルドゥングス・ロマン（日本語でいえば教養小説）であること。それがこの本のふたつめのポイントである。主人公の成長譚であるビルドゥングス・ロマンをなぜ「教養小説」という日本語に訳すのか。その理由が、本書の読者ならきっとわかるはずである。

ちょっと余談になるけれど、本書には読者からの手紙が多数届き、しかもその中には「『東大で……』を読んで泣きました」というものが少なからず含まれていたらしい。「え、泣くの?」と思ったのだが、読み返してみて、その理由が少しだけわかった気がした。不屈の精神、学ぶことの大切さ、そして努力は報われるという単純な事実を、この本は教えてくれるのだ。

山頂へ向かうリフト、ではなく新幹線に乗って、大阪から東大に通うこと三年目。遙洋子は関西の大学でジェンダー論を講じるまでになる。それでふと弱気になった彼女が、師・上野千鶴子とかわす会話は印象的だ。

自分は東大を笑い飛ばせない。なぜならそこには〈絶対的な能力の格差があるから〉だと語る弟子の言葉をとらえて、師・上野千鶴子はどこまでも追及するのである。〈「じゃ、言ってごらんなさい。あなたと東大生のいったいどこに、あなたの言う絶対的能力の格差があるのか」〉、〈「言ってごらんなさい。その絶対的能力の格差とやらを」〉と。

後で彼女が〈サリバン先生とヘレン・ケラーみたいだと思った〉と書くこの場面などは、泣かせどころのひとつだろう。

三つめのポイントは、と、このように読み物としてのおもしろさをキープしつつも、この本が当然ながらノンフィクションであり、フェミニズムの基礎を学びたい人のためのブックガイドとしても、十分機能している点である。

要所要所に挟まれた多様な書物(著者の用語でいえば文献)からの引用は、的確であると同時に、アカデミックな言語はこのように使用してこそはじめて生活に生きるのだ、ということを具体的に教えてくれる。

本書に引用された書物は、確実に上へ行くためのリフト券である。しかし、遙洋子は書く。〈私なりに発見した、理論は理論だけでは戦えない、そこには必ず技術がいる、ということ〉を。学ぶために学ぶのではない。学ぶことで、私たちは生きる術を手に入れるのだ。本書にはその精神がみちあふれている。

たしか八〇年代の終わり頃、読売テレビの深夜番組で、遙さんが孤軍奮闘する姿を、私は見たことがある。女性ばかりの討論会(上岡龍太郎氏が司会をつとめていた気がする)で、男女の役割分担か何かについて激論する、そんな企画だったと記憶する。「なぜ女性だけが家事分担をしなければならないのか」と語る彼女は、当然ながら（？）その場では浮いていて、理屈で周囲を説得できずに悔しそうだった。「遙洋子、ガンバレ！」とブラウン管のこちら側からエールを送ったのが、私が彼女を特別な存在として認識した最初の記憶である。

それから十年たって、『東大で上野千鶴子にケンカを学ぶ』が出たときに、真っ先に思い出したのはそのことだった。「そっか、彼女はとうとう上野ゼミの門を叩いたんだ」。原因と結果が、なんとなくつながったような気がした。「ケンカを学ぶ」というモチベーションにも深く共感した。彼女と同じような悔しさを、「気づいてしまった人」は必ず味わうのである。

「東大」のインパクト、「上野千鶴子」のネームバリュー、「ケンカ」という語の強さ。「売れた理由」がさまざまに詮索された本書だけれど、根本的にはやはり、遙さんと同じような悔しい思いをしていた人が大勢いたことが、この本が多くの人の心をつかんだ最大の理由だったように思う。

フェミニズムをめぐるスキー場的状況はいまも相変わらずである。しかし、その気になれば、いくらでも上に昇っていくことができる。そこを通過した人は、もう前ほど「ケンカ」には固執しない。遙さんはその後も何冊も本を書き、タレントとしても活躍中だ。山頂に行ったっきりでなく、「娑婆」に戻って仕事を続けていることが、私たちをさらに励ます理由である。

*本書は二〇〇〇年一月、筑摩書房より刊行された。

ハーメルンの笛吹き男　阿部謹也

「笛吹き男」伝説の裏に隠れた謎はなにか？　十三世紀ヨーロッパの小さな村で起きた事件を手がかりに中世における「差別」を解明。（石牟礼道子）

超芸術トマソン　赤瀬川原平

都市にトマソンという幽霊が！　街歩きに新しい楽しみを、表現世界に新しい衝撃を与えた超芸術トマソンの全貌。新発見珍物件増補。（藤森照信）

路上観察学入門　赤瀬川原平／藤森照信／南伸坊編

マンホール、煙突、看板、貼り紙……路上から観察できる森羅万象を対象に、街の隠された表情を読みとる方法を伝授する。（とり・みき）

老人力　赤瀬川原平

20世紀末、日本中を脱力させた名著『老人力』と『老人力②』が、あわせて文庫に！　ぼけ、ヨイヨイ、もうろくに潜むパワーがここに結集する。

大東亞科學綺譚　荒俣宏

科学は〈個人の夢〉だったのだ。人造人間産みの親、火星の土地を売った男、架空鳥学を打ちたてた殿様――忘れられた独創の科学者たちの冒険譚。

温泉旅行記　嵐山光三郎

自称・温泉王が厳選した名湯・秘湯の数々。旅行ガイドブックとは違った嵐山流遊湯三昧紀行。気の持ちようで十分楽しめるのだ。（安西水丸）

頬っぺた落とし　う、うまい！　嵐山光三郎

うまい料理には事情がある。不法侵入者のカレー、別れた妻の湯豆腐など20の料理にまつわる、ジワリと唾液あふれじんと胸に迫る物語。（南伸坊）

極道者　青山光二

博徒、テキヤ、チンピラ……、社会の裏側で身体を張って生きる男たち。その哀歓と狂気、行動と心情をいきいきと描いた傑作小説集。

図説　拷問全書　秋山裕美

罪を告白するまでは「死」すら許されなかった。理不尽すぎる訊問、過酷さを極める責めの技術など、西洋史の暗部をえぐる。（柳下毅一郎）

色川武大・阿佐田哲也エッセイズ1　放浪　色川武大／阿佐田哲也　大庭萱朗編

純文学作家・色川武大。麻雀物文士・阿佐田哲也。二つの名前によるエッセイ・コレクション。第1巻はアウトローの「渡世術」！（鎌田哲哉）

色川武大・阿佐田哲也エッセイズ2 芸能
色川武大／阿佐田哲也 大庭萱朗 編
著者の芸能、映画、ジャズへの耽溺ぶりはまさに壮絶！ 三平、ロッパなど有名無名の芸人たちへのオマージュから戦後が見える。（唐沢俊一）

色川武大・阿佐田哲也エッセイズ3 交遊
色川武大／阿佐田哲也 大庭萱朗 編
「俺のまわりは天才だらけ」！ 武田百合子、川上宗薫、立川談志等、ジャンルを超えた畏友雀友交遊録。鋭い観察眼と優しさ。（村松友視）

私の「漱石」と「龍之介」
内田百閒
師・漱石を敬愛してやまない百閒が、おりにふれて綴った師の行動と面影とエピソード。さらに同門の友、芥川との交遊を収める。（武藤康史）

男流文学論
上野千鶴子／小倉千加子／富岡多惠子
「痛快！ よくぞやってくれた」「こんなもの文学批評じゃない！」 吉行・三島など〝男流〟作家を一刀両断にして話題沸騰の書。（斎藤美奈子）

セックス神話解体新書
小倉千加子
これでどうだ！ 小気味いいほど鮮やかに打ち砕かれていく性の神話の数々。これ一冊であなたのフェミニズムに対する疑問は氷解する。（柏木恵子）

古本でお散歩
岡崎武志
百円均一本の中にも宝物はある。そんな楽しみを教えましょう。ちょっとしたこだわりで、無限に広がる古本の世界へようこそ！（田村治芳）

古本極楽ガイド
岡崎武志
古本さがして幾千里。西へ東へ、今回はベルギーまで足をのばした均一本小僧。古本の気軽な楽しみ方から全面古本生活へと至る道を伝授します。

ぼくの浅草案内
小沢昭一
当代随一浅草通・小沢昭一による、浅草とその周辺の街案内。歴史と人情と芸能の匂い色濃く漂う街を限りない郷愁をこめて描く。（坪内祐三）

駅前旅館に泊まるローカル線の旅
大穂耕一郎
勝手気ままなブラリ旅。その土地の人情にふれ、生活を身近かに感じさせてくれるのが駅前旅館。さあ、あなたもローカル線に乗って出かけよう！

駄菓子屋図鑑
奥成達・文
ながたはるみ・絵
寒天ゼリーをチュルッと吸い、ゴムとびの高さを競い、ベーゴマで火花散らしたあの頃の懐かしい駄菓子と遊びをぜんぶ再現。（出久根達郎）

ちくま文庫

東大《とうだい》で上野《うえの》千鶴子《ちづこ》にケンカを学《まな》ぶ

二〇〇四年十一月十日　第一刷発行
二〇〇五年十一月十日　第三刷発行

著　者　遙洋子（はるか・ようこ）

発行者　菊池明郎
発行所　株式会社　筑摩書房
東京都台東区蔵前二―五―三　〒一一一―八七五五
振替〇〇一六〇―八―四一二三
装幀者　安野光雅
印刷所　中央精版印刷株式会社
製本所　中央精版印刷株式会社
乱丁・落丁本の場合は、左記宛に御送付下さい。
送料小社負担でお取り替えいたします。
ご注文・お問い合わせも左記へお願いします。
筑摩書房サービスセンター
埼玉県さいたま市北区櫛引町二―六〇四　〒三三一―八五〇七
電話番号　〇四八―六五一―〇〇五三

ISBN4-480-42021-5 C0195